论孔子

彭富春 / 著

人民出版社

责任编辑：洪　琼

图书在版编目（CIP）数据

论孔子 / 彭富春　著．–北京：人民出版社，2016.4（2016.8 重印）

ISBN 978 – 7 – 01 – 015834 – 1

I. ①论… 　II. ①彭… 　III. ①儒家②《论语》– 研究 　IV. ① B222.25

中国版本图书馆 CIP 数据核字（2016）第 029840 号

论孔子

LUN KONGZI

彭富春　著

人民出版社 出版发行

（100706　北京市东城区隆福寺街 99 号）

北京盛通印刷股份有限公司印刷　新华书店经销

2016 年 4 月第 1 版　2016 年 8 月北京第 2 次印刷

开本：710 毫米 ×1000 毫米 1/16　印张：28.25

字数：420 千字　印数：5,001 – 7,000 册

ISBN 978 – 7 – 01 – 015834 – 1　定价：69.80 元

邮购地址 100706　北京市东城区隆福寺街 99 号

人民东方图书销售中心　电话：（010）65250042　65289539

目 录

第一部分
《论语》译解

论孔子

第二部分
《论语》论述

第一部分

《论语》译解

学 而 篇 第 一

（共十六章）

1.1

子曰：学而时习之，不亦说乎？有朋自远方来，不亦乐乎？人不知，而不愠，不亦君子乎？"

译 文

孔子说："人先学，然后适时练习所学的知识，这不也是很愉悦吗？朋友从远方来访问我，这不也是很快乐吗？他人不理解我，但我不怨恨他人，这不也是君子吗？"

解 析

一、学习。

1.谁在学习？这当然是人。人不是靠本能而是靠学习才能成为人。学是学为人，人是学成人。这可见学习对于人之为人的重要性。但此处的学习之人并非一般的人，而是特别的人，即要成为君子之人。

2.何谓学习？学是仿效，学生仿效老师，把不知道的变为已知道的，从而获得知识。习是反复练习已学习的知识，使之熟悉和巩固。习尚不是行。当所学习的知识转化到生活当中去的时候，它就成为了行，也就是实践。

3.学习什么？这包括了一切可学的知识，也就是关于万事万物的知识。但孔子所传授的知识主要是六艺，亦即礼、乐、射、御、书、数。其中有术也有道，但道是学习的根本。

4.所悦何事？悦是喜悦。它既是一种肯定性的情态，如兴高采烈；也是一种主动性的意向，也就是为某物而喜悦。这里指的是学习的喜悦。人通过学习获得了知识，达到了人与道的合一。人之所以乐道，是因为爱道。乐是爱之乐。

二、朋友。

1.谁是朋友？同窗为朋，同志为友。朋友是友爱之人。人之所以成为朋友，是因为人是同道。道为朋友共同所爱，是朋友之间的纽带。正是道使陌生的人成为了相爱的人。

2.何谓远来？远来是远离者的走来。所谓远就是分离，所谓来就是聚集。

3.所乐何事？乐是快乐。快乐与喜悦相较，后者是内在的，前者是外在的。快乐的情态是由内形诸外的喜悦，其意向是远来的友人。所乐何事？人与友人相聚。

三、他人。

1.谁是他人？他人是与我相关的人，但不是与我同道的人，因此他人不是朋友。

2.不知什么？他人不知道我，也就是不理解我的所作所为。不知甚至会导致误解和曲解。

3.不愠何意？愠是怨恨，是与爱、喜悦和快乐相反的否定性的情态和意向。当他人不知道我时，我的一般反应就是怨恨。但作为一个君子，人就应该与这种一般的反应相区分，不去怨恨。通过对于怨恨的否定，人能够自己规定自己，而成为自己的主人。

孔子像

四、君子。

君子既可指位高者，也可指德高者。孔子一般指德高者，即具有仁、智、勇等美德。君子是孔子的理想人物。

论孔子

本章说了人与道的关系、人与人的关系。其中人与人的关系区分为人与朋友的关系和人与他人（非朋友）的关系。

本章也强调了人要爱与乐（与道乐、与人乐），而不要恨。

1.2

有子曰："其为人也孝弟，而好犯上者，鲜矣；不好犯上，而好作乱者，未之有也。君子务本，本立而道生。孝弟也者，其为仁之本与！"

译 文

有子说："一个人为人，能孝敬父母和尊敬兄长，但他喜好冒犯上级，这是很少的；一个人不喜好冒犯上级，但喜好作乱，这是没有的。君子从事于根本，根本建立了，道路就生成了。孝悌就是实行仁道的根本吧！"

解 析

一、孝悌。

1.孝是子女对于父母的爱。悌是弟妹对于兄姊的爱。这种爱都是基于血缘关系的爱，同时也是一种由下对上的爱。因此，孝悌包括了顺从。

2.一个孝悌的人顺从父兄，也会服从上级和规则，因此不会犯上作乱。犯上是下级对于上级权威的冒犯，作乱是个人对于社会规则的破坏。

二、为仁。

1.仁是爱。它不仅是爱之心，而且也是爱之言、爱之行。仁是人的本性的最高规定。为仁是实践仁，是爱之行。

2.孝悌是为仁之本。这在于为仁包括了三个基本环节。第一，亲亲。这是爱自己的亲人，其中尤其是孝悌。第二，仁民。这是爱亲人之外的他人。第三，爱物。这是爱天下万物。这三个环节构成了由近到远、由小到大的顺序。其中，孝悌作为亲亲是其根本。没有孝悌的亲亲，也就没有仁民和爱物。

3. 本立而道生。道为人道。人道正是仁道。仁道的根本是孝悌。当人孝悌亦即亲亲时，为仁的根本就建立了。由此而来，为仁的大道也就生成了。人会扩大到仁民和爱物。这构成了亲亲、仁民和爱物的完整道路。

清·周恺《补衮图》

1.3

子曰："巧言令色，鲜矣仁！"

译 文

孔子说："虚巧的言语和伪善的色貌，这是很少有仁德的。"

解 析

一、巧言。此为虚巧的语言。

二、令色。此为伪善的面色。

三、不仁。巧言听起来很美，令色看起来很美，但实际上不仁。人用虚巧的言语和伪善的色貌来表现自己，无非是伪装自己的不仁，向人表明自己有仁。

四、仁与不仁。

1. 仁是内在的和真实的，不是外在的和虚假的，否则就是不仁。

2. 人要区分仁与非仁。人知道了非仁，也就知道了仁。

1.4

曾子曰："吾日三省吾身——为人谋而不忠乎？与朋友交而不信乎？传不习乎？"

译 文

曾子说："我每天多次反省自己：为他人谋事是否忠心？与朋友交往是否诚信？所传的知识是否实习？"

解 析

一、反省。

1. 反省是人反思自己。

2. 人既是反省者，也是被反省者。

3. 反省的过程是人对于自己的审问和批判，区分是非，并去非存是。

二、所省。

所省的事情包括三种。

1. 忠。此是忠实。为他人谋事时，人自己是否忠实。

2. 信。此是诚信。与朋友交往时，人自己是否诚信。

3. 习。此是练习。对于传授给人的知识，人自己是否掌握。

1.5

子曰:"道千乘之国,敬事而信,节用而爱人,使民以时。"

译 文

孔子说:"在治理千乘之国时,治理者就要敬重事情,严守信义,节约费用,爱护人民,差使民众要在他们农闲的时候。"

解 析

一、敬。此是敬重,把一个人或事放在重要的位置,并对他(它)表示高度关注。这就是把一个人当作一个人,把一个物当作一个物。

二、信。此是严守信义。

三、节用。此是节约费用。

四、爱人。此是爱护人民。

五、使民以时。此是指差使民众要在他们农闲的时候。

这五者可分为三个方面:第一,自己,即敬和信。第二,物,即节用。第三,人,即爱人和使民。其中,敬和信是最重要的。人自己的行为是待人和待物的前提。

1.6

子曰:"弟子,入则孝,出则悌,谨而信,泛爱众,而亲仁。行有馀力,则以学文。"

论孔子

译 文

孔子说:"青少年在家里要孝顺父母,在外要敬重兄长,要谨慎,要诚信,要泛爱大众,要亲近仁德之人。当完成了这些事情之后还有多余的力量的话,那就去学习文化。"

宋·刘松林《秋窗读书图》

解　析

一、孝悌。孝顺父母，尊敬兄长。这是为仁的出发点。

二、谨。谨言慎行。这是人的基本活动。

三、信。诚实信用。这是真诚待人待物。

四、爱众。热爱大众。

五、亲仁。亲近仁人，接受教诲。

六、学文。学习文献知识。

七、弟子规。本章提出了青少年做人的规则。其数个环节所构成的秩序基本上是一个由近到远的过程，而且是先道德后文艺。其中，孝悌是根本。正是因为如此，这样的"弟子规"强调的是顺从，而非独立；是义务，而非权利。与此不同，现代的"公民规"（宪法）主张人是公民。所谓公民也就是自由的人，他能自己规定自己。在"公民规"中，人不仅有自己的义务，而且有自己的权利。

1.7

子夏曰："贤贤易色；事父母，能竭其力；事君，能致其身；与朋友交，言而有信。虽曰未学，吾必谓之学矣。"

译　文

子夏说："对待妻子，重贤德而不重貌色；侍奉父母，能竭尽力量；侍奉君主，能献出生命；与朋友交往，能言语有信。这种人虽说没学习过，但我一定说他学习过了。"

论孔子

解 析

一、为人。此是践行人伦。这包括了四个方面：夫妇、父子、君臣、朋友。它们是家与国中的基本关系，贯穿其中的主线是真诚。

二、学习。这包括了两个方面：一是文献（书本）的学习，二是人伦（实践）的学习。虽然两者不可偏废，但一般认为后者重于前者。因此，本章认为，学习了人伦而没学习文献，也可算作学习。但这种观点毕竟过于极端。

1.8

子曰："君子不重，则不威；学则不固。主忠信，无友不如己者。过则勿惮改。"

译 文

孔子说："君子如果不庄重的话，那么他就没有威严；所学的知识也不会牢固。要以忠实和诚信为主。不要有不如自己的朋友。人一旦有了过错，就不要害怕去改正。"

解 析

一、重。此是庄重、厚重。君子庄重是立于他自身所在的地方，获得了根基。因此他的思想、语言、行为都合于事情的规定。由此，他自身获得了威严，他所学的知识也会变得牢固。

二、忠信。其根本是诚实，亦即人处于真实和真理之中。这包括了心灵的诚实、语言的诚实和行为的诚实。忠实既对己，也对人。对于他人忠实是与他人保持真正的同一。

三、友。此是同道的人。唯有朋友的差异性和优越性才能帮助自己不断丰富和进步。

四、过。人皆有过错，关键是承认它并改正它。

1.9

曾子曰："慎终追远，民德归厚矣。"

译　文

曾子说："慎待父母的丧亡，追念先祖的远逝，这将会使民众的德性归于淳厚。"

解　析

一、慎终追远。慎待父母的丧事就能善始善终。追念先祖的远逝就能饮水思源。这都是礼制，也是孝的不同形态。人孝顺是在为仁，就会德厚。

二、民德。当治者慎终追远时，人民也会跟着仿效。他们遵从礼制，其德性也会变得丰厚。

1.10

子禽问于子贡曰："夫子至于是邦也，必闻其政，求之与？抑与之与？"子贡曰："夫子温、良、恭、俭、让以得之。夫子之求之也，其诸异乎人之求之与？"

论孔子

译 文

子禽向子贡问道:"孔夫子每到一个国家,必听闻到当地的政事。这是他求来的呢?还是人们给他的呢?"子贡答道:"孔夫子温和、善良、恭敬、俭朴、礼让,他以此获得了当地的政情。孔夫子所求得的不同于其他人所求得的吧?"

解 析

一、求。此是我主动要求他人。

二、与。此是他人主动给予我。

三、得。此是获得,不同于我的要求和他人的给予。求和与都带有强烈的意愿。但获得是无意愿的,人凭借自身的德性自动去要求,并得到他人自动的给予。这超出了一般的求和予。

四、温、良、恭、俭、让。温是温和;良是善良;恭是恭敬;俭是节俭;让是谦让。这五种品德基本上相关于我与他人的关系,其核心是我对于他人的仁爱。

清·焦秉贞《西狩获麟图》

14

1.11

子曰："父在，观其志；父没，观其行；三年无改于父之道，可谓孝矣。"

译 文

孔子说："一个人当他的父亲活着，要观看他的志向；当父亲死了，要观看他的行为；一个人长年不改变父亲的道路，这可以说是孝了。"

解 析

一、志。此是志向。父亲活着，子不能独立行动，因此要看他的志向。

二、行。此是行为。父亲死了，子能独立行动，因此要看他的行为。

三、孝。此是三年之丧和长期不改变父亲的道路。父之道可分为善道和恶道。善道不可改变，而恶道自当改变。不改父之道当是不改父亲的善道。

1.12

有子曰："礼之用，和为贵。先王之道，斯为美；小大由之。有所不行，知和而和，不以礼节之，亦不可行也。"

译 文

有子说："礼的作用以调和最为可贵。先王治国之道最完美的地方就在这里；大小事情的处理都由此而来。但如事情有所不行，而只是为调和而调和，不用礼来调节，这也是不行的。"

解　析

一、礼。它是天地人神（鬼）的规则。礼既有道，即礼制，也有艺，即礼仪和礼貌。

二、节。礼别异，区分了天地人神的地位，使其各得其所。其本为节。

三、和。礼调和了天地人神（鬼）的关系，使之达到和谐。其用是和。礼是节本和用，因此不能舍本求末。

1.13

有子曰："信近于义，言可复也。恭近于礼，远耻辱也。因不失其亲，亦可宗也。"

译　文

有子说："人守信近于正义，他的诺言才可实现。人恭敬近于礼制，他才能远离耻辱。人的依靠不失去亲近之人，他也就可靠了。"

解　析

一、信、义、言。信是诚信，义是道义。当人的诚信接近正义的时候，他就是在守护正义。诚信一般表现为实现自己的诺言，而一种合于正义的诺言当然是可以实现的。

二、恭、礼、耻。恭是恭敬，礼是礼制。当人恭敬近于礼制时，他的行为才是合于礼制的。礼制是人的行为的规范和边界。不合礼的是羞耻的，合礼的不是羞耻的。于是恭敬近于礼制，能远离耻辱。

三、因、亲、宗。因是依靠。亲是亲近之人。人依靠自己的亲近之人当然就有了依靠。

1.14

子曰："君子食无求饱，居无求安，敏于事而慎于言，就有道而正焉，可谓好学也已。"

译 文

孔子说："君子食无求饱，居无求安，做事勤敏，言说谨慎，就于有道之人修正自己，这可以说是喜好学习了。"

解 析

一、食、居。这两者是人的日常欲望。孔子要求人不要过分追求这种欲望的满足，亦即不要追求贪欲。

二、事、言。这两者是人的一般活动。孔子要求人做事勤敏，言说谨慎。这在于行为重于言说。

三、有道。人要亲近有道之人来修正自己。这在于人要靠道来指引自己，辨明正道和邪道。人只有亲近有道之人才能获得道。

四、学。所学并非只有知识，而也有道德。人要学习去欲求道。

论孔子

1.15

　　子贡曰："贫而无谄，富而无骄，何如？"子曰："可也。未若贫而乐、富而好礼者也。"

　　子贡曰：《诗》云：'如切如磋，如琢如磨'，其斯之谓与？"子曰："赐也，始可与言《诗》已矣，告诸往而知来者。"

译 文

　　子贡说："贫穷但不谄媚，富有但不骄横，这怎么样？"孔子说："这可以了，但不如贫穷而乐道、富有而好礼。"

　　子贡说："《诗经》说：'如切如磋，如琢如磨。'它说的就是这个意思吧？"孔子说："子贡呀，这样就可以和你讨论诗了。我告诉了你那已有的，你就能知道那未有的。"

解 析

　　一、子贡。他的贫富观是否定性的。其重点在于克服贫富时人所具有的缺点。这虽然已经去欲，但尚未见道。

宋·李唐《采薇图》

二、孔子。他的贫富观是肯定性的。其重点在于彰显贫富时人所具有的优点。这不仅去欲，而且见道。

三、告诸往而知来者。孔子告诉了那已有的，子贡就能知道那未有的。这表明子贡能推进自己的思想和道德。

1.16

子曰："不患人之不己知，患不知人也。"

译　文

孔子说："不要忧患他人不知道自己，而要忧患自己不知道他人。"

解　析

一、知己。这是他人知道自己。此在他人。

二、知人。这是自己知道他人。此在自己。

三、患。问题的关键是人知道自己，并且知道他人。因此，人不患人不知己，而患己不知人。

为 政 篇 第 二

（共二十四章）

2.1

子曰："为政以德，譬如北辰，居其所而众星共之。"

译 文

孔子说："如果人以道德来治理国政的话，那么他就如同北斗星一样，北斗星居于自己所在的位置，而群星都环绕着它。"

解 析

一、为政以德。

1. 君主是统治者，人民是被统治者。为政主要表现为治者和被治者的关系。

2. 为政以德区别于为政以非德，如以法和以力等。德是道的实现。德性就是人的人性和物的物性。如果治者为政以德的话，那么他就遵循了人的人性和物的物性，人和物都会归顺他。

3. 为政以德是儒家的无为而治。

二、北辰众星。

明·沈周《四松图》

1. 北辰是中心，如同统治者。它端居于自己所在的位置。

2. 众星如同被统治者，环绕着北辰。

3. 北辰众星是为政以德的喻相。

2.2

子曰："《诗》三百，一言以蔽之，曰：'思无邪。'"

译 文

孔子说："《诗经》三百篇，用一句话来概括它，那就是'思想纯正无邪'。"

解 析

一、无邪。邪是偏邪。无邪就是无偏邪，是中正、纯正。

二、诗三百。诗三百分风雅颂，类型和风格各异，但其同一本性就是无邪。

2.3

子曰："道之以政，齐之以刑，民免而无耻；道之以德，齐之以礼，有耻且格。"

译 文

孔子说："用政令来引导，用刑法来齐整，人民只是避免犯罪但没有羞耻；用道德来引导，用礼制来齐整，人民不仅有羞耻而且归顺。"

解 析

一、政、刑。政令和刑法是外在的，而且主要是否定性的。统治者用政、刑治国，人民只会不去触犯政、刑的禁令，而没有道德的羞耻。这只是去欲，而没有达道。

二、德、礼。道德和礼制是内在的，而且主要是肯定性的。统治者用德、礼治国，人民就会耻于不善，而追求至善。这不仅去欲，而且达道。

2.4

子曰："吾十有五而志于学，三十而立，四十而不惑，五十而知天命，六十而耳顺，七十而从心所欲，不逾矩。"

译　文

孔子说："我十五岁时志于学习，三十岁时建立自身，四十岁时不再迷惑，五十岁时知晓天命，六十岁时耳顺而听闻各种言语，七十岁时从心所欲但不逾规矩。"

解　析

一、十五志于学。志向是一个人一生的目标。当人对于自己的人生开始觉醒的时候，人就开始筹划这一生的目标。所谓志于学并非志于关于一般知识的学习，而是志于关于道的学习。学就是学道。唯有道才是人一生中最重要的目标。

二、三十而立。立是站立。人站立于世界之中。但人何以站立？这凭借于礼。礼是人道，是人在世界之中的游戏规则。人知道并遵守游戏规则，就能立于世界之中。

三、四十不惑。不惑是不迷惑于人生与世界的假相，从而认识了真理。人知道自己是谁，也知道世界是什么。

四、五十知天命。天命是天道。它是天的命令，是人的命运。天命设定了人的存在的边界，也就是人生死的道路。因为知道了天命，所以人就可以安身立命，把握自己的命运。

五、六十耳顺。人耳顺而听闻各种言语，这表明人与世界是沟通的。人不仅能听闻人的声音，并且能回答人的声音。此外更重要的是，人不仅能听懂天的命令，而且能听从天的命令。

六、七十从心所欲不逾矩。心无贪欲，而怀大道，故能从心所欲；既合天道，也合人道，故能不逾矩。人从心所欲但不逾规矩，这意味着心意和规矩的合一。不仅人的心意不逾规矩，而且规矩也不限人的心意。因为心意是人的意志，规矩是天道和人道的规矩，所以心意和规矩两者合一就是天人合一。这是一种自由自在的人生境界。

这是孔子对于自己人生历程六个关键步骤的总结。

2.5

孟懿子问孝。子曰："无违。"

樊迟御，子告之曰："孟孙问孝于我，我对曰，无违。"樊迟曰："何谓也？"子曰："生，事之以礼；死，葬之以礼，祭之以礼。"

译　文

孟懿子问什么是孝道。孔子说："不要违背礼制。"

樊迟替孔子赶车，孔子对他说："孟懿子问我什么是孝，我回答说不要违背礼制。"樊迟说："这是什么意思？"孔子说："父母活着，要按照礼制来侍奉他们；死了，要按照礼制来安葬他们，按照礼制来祭祀他们。"

《孔子像》（引自《圣贤像赞》）

解　析

一、无违。从反面来讲，孝是不要违背

礼制。但从正面来说，孝就是遵守礼制。

二、生死。孝在这里具体化为服从礼制的规定。无论是生，还是死，人都要自始至终根据礼制对待父母。

2.6

孟武伯问孝。子曰："父母唯其疾之忧。"

译 文

孟武伯问什么是孝道。孔子说："要让父母只是担忧子女的疾病。"

解 析

一、父。父母只是忧虑子女的疾病，而不忧虑其他的事情。这在于疾病是由于各种内外因素导致的，是不可控制的。但人在家在国的言行是可以由自己支配的。

二、子。子女做到只让父母忧疾，而不忧他事。这要求子女的言行不仅在家合礼，而且在国也合礼。

2.7

子游问孝。子曰："今之孝者，是谓能养。至于犬马，皆能有养；不敬，何以别乎？"

论孔子

子游问什么是孝道。孔子说:"今天所谓孝道,只是说人能养活父母。至于犬马,人也都能去喂养它们;如果人不尊敬父母的话,那么人对父母与对犬马有什么区别呢?"

解 析

一、养。此是供养生命维系的物资。人不仅能养父母,而且能养动物。

二、敬。此是尊敬,是一种下对于上的爱。人对于父母的孝顺不仅是能养,而且是能敬。这使人对于父母的行为区别于对于动物的行为。

2.8

子夏问孝。子曰:"色难。有事,弟子服其劳;有酒食,先生馔,曾是以为孝乎?"

译 文

子夏问什么是孝道。孔子说:"人在父母面前表现出愉悦的脸色是件难事。有事情的时候,年轻人去效劳;有酒食的时候,让年长的人先吃喝,这难道可以认为是孝吗?"

解 析

一、色难。人在父母面前表现出愉悦的脸色是件难事。但孝道就体现在愉悦的脸色。人的脸色来源于心,同时相关于人的言和行。

二、效劳。此只是出力，不能等同于孝。

三、让食。此只是礼让，不能等同于孝。

2.9

子曰："吾与回言终日，不违，如愚。退而省其私，亦足以发，回也不愚。"

译 文

孔子说："我与颜回言谈终日，他没有不同意见，似乎愚蠢。但他退回独自思考时，却能足以发挥，颜回并不愚蠢。"

解 析

一、不违。颜回不反对孔子的言谈。他似乎没有自己独立的思想，对于事情缺少判断的能力。

二、省私。颜回独自思考时能发挥孔子的思想。这表明他不仅能理解孔子的思想，而且还能自己发明创新。

三、愚与不愚。颜回看起来愚蠢，但实际上并不愚蠢。人要分辨愚蠢和非愚蠢，也就是分辨智慧和非智慧。

2.10

子曰："视其所以，观其所由，察其所安。人焉廋哉？人焉廋哉？"

论孔子

译 文

孔子说:"注视他所作为,观看他所由来,考察他所安止。这个人怎么可能隐藏?这个人怎么可能隐藏?"

解 析

一、视、观、察。这均是人的视觉活动,它们之间有一个逐渐递进的过程。但它们在此不是指人的视觉活动,而是指人的心灵的活动。它们不同于盲目和意见,而是洞见,是看穿人的能力。

二、以、由、安。这是人的活动的三个形态。以是人的作为,由是人的由来,安是人的安止。

三、隐显。人的表现有显有隐,有真有假。但如果认真观察一个人的行为的话,那么他就无法隐藏而完全显现了。

2.11

子曰:"温故而知新,可以为师矣。"

译 文

子曰:"温习旧学而知道新识,人就可以成为教师了。"

解 析

一、温故知新。温故是学习旧的知识。知新是知道新的知识。这在于,新是建立在旧的基础上的,而旧的可以启发新的。

二、为师。老师是获得已有知识并能发明新的知识的人,而学生是尚未获得知识并要获得知识的人。一个温故知新的人当然可以成为老师。

2.12

子曰："君子不器。"

译 文

孔子说："君子不是器具。"

解 析

一、君子。他是学道和有道之人。

二、器具。它具有某种特定的用途且服务于某种特定的目的。当目的完成之后，工具也就无需再使用了。

三、不器。道不是器。君子有道，故他不是器。

2.13

子贡问君子。子曰："先行其言而后从之。"

译 文

子贡问什么是君子。孔子说："人首先实行所要说的话，然后说出所要说的话。"

论孔子

解 析

一、言行。这里的言是人的言，行是人的行。一般而言，言容易，行艰难。人有言行相符，也有言行不一。言语超过行为是虚夸；行为超过语言是隐瞒。

二、先行后言。这意在强调行难言易。唯有如此，人才能克服言行不一，而达到言行相符。

2.14

子曰："君子周而不比，小人比而不周。"

译 文

孔子说："君子周遍而不私比，小人私比而不周遍。"

解 析

一、周、比。周是周遍，私是私比。

二、君子。他有道，公而无私。

三、小人。他有欲，私而无公。

2.15

子曰："学而不思则罔，思而不学则殆。"

《孔子像》（雕刻），北京孔庙

译 文

孔子说："学习而不思考则迷惘，思考而不学习则疑惑。"

解 析

一、学、思。学是将不知道的变成已知道的，思是将不明白的变为已明白的。学习是思考的前提，思考是学习的深入。

二、学而不思。这种学习对所学没有思考，就没有分析、批判、选择，因此会迷惑于所学。

三、不思而学。这种思考没有学习作为基础，就会陷入漫无边际的空无之中，因此会导致疑惑。

论孔子

2.16

子曰:"攻乎异端,斯害也已。"

译 文

孔子说:"攻击那些异端思想,这样危害就消灭了。"

解 析

一、异端。此即邪说。它背离中庸之道,故带来危害。

二、攻。攻击异端邪说,就可能回归大道,而终止了危害。

2.17

子曰:"由!诲女知之乎!知之为知之,不知为不知,是知也。"

译 文

孔子说:"子路!教诲你什么叫作知道吧!知道就是知道,不知道就是不知道,这就是真正的知道。"

解 析

一、知。此是知道事物的真相。

二、不知。此是不知道事物的真相。

三、真知。如果人真知道却说不知道的话,那么这是隐瞒;如果人不知道却说知道的话,那么这是欺骗。人能区分自己知道和不知道,就是知道了自己思想的边界，知道了自己的真相。这才是真知。由此而来，人也是诚实人，话也是诚实话。这才是智慧。

2.18

子张学干禄。子曰："多闻阙疑，慎言其馀，则寡尤。多见阙殆，慎行其馀，则寡悔。言寡尤，行寡悔，禄在其中矣。"

译 文

子张问如何获得官位俸禄。孔子说："多听，保留有疑的部分，然后谨慎言说其余无疑的部分，这样就会少犯错误。多见，保留有疑的部分，然后谨慎实行其余无疑的部分，这样就会减少后悔。言语少错误，行为少后悔，官位俸禄就在其中了。"

解 析

一、慎言。人首先区分可疑和无疑，然后言说无疑的部分。

二、慎行。人首先区分可疑和无疑，然后实行无疑的部分。

三、干禄。慎言慎行可以保持道德的完美而没有缺陷，这样就为当官奠定了基础。

2.19

哀公问曰："何为则民服？"孔子对曰："举直错诸枉，则民服；举枉错诸直，则民不服。"

论孔子

译 文

哀公问道:"如何作为才能让民众服从?"孔子答道:"把正直的人置于不正直的人之上,则民众服从;把不正直的人置于正直的人之上,则民众不服从。"

解 析

一、正义。把正直的人置于不正直的人之上是合乎正义的。

二、不正义。把不正直的人置于正直的人之上是不合乎正义的。

三、服。这里的关键是否合乎正义。人民服从正义,不服从非正义。

2.20

季康子问:"使民敬、忠以劝,如之何?"子曰:"临之以庄,则敬;孝慈,则忠;举善而教不能,则劝。"

译 文

季康子问道:"要使民众敬重、忠诚并劝勉,如何办?"孔子说:"庄重地对待民众,他们就会敬重;使民众孝顺父母,慈爱子女,他们就会忠诚;提举善良之才而教育不能之人,他们就会劝勉。"

解 析

一、敬。治者庄重,民众就会敬重。

二、忠。治者孝慈,民众就会忠诚。

三、劝。治者举善,民众就会劝勉。

这里相关于治者和民众的关系,治者引导和规定了民众。

2.21

或谓孔子曰："子奚不为政?"子曰:"《书》云:'孝乎! 唯孝，友于兄弟，施于有政。'是亦为政，奚其为为政?"

译 文

有人对孔子说:"你为什么不为政?"孔子说:"《尚书》说:'孝啊，就只是孝，友爱于兄弟，作用于政治。'这也就是为政，难道还有什么为政?"

解 析

一、孝悌。孝悌是家的原则，忠君是国的原则。但孝悌是忠诚的基础。

二、为政。其核心是忠君。当人把孝悌作用于忠君的时候，也可以说是间接从政了。

2.22

子曰:"人而无信，不知其可也。大车无輗，小车无軏，其何以行之哉?"

译 文

孔子说:"作为一个人，如没有诚信，这就不知道他可以做什么。如果大车和小车没有安装横木的话，那么它们如何能行走呢?"

论孔子

解　析

一、信。人有诚信，就是一个真实的人，否则就不是。

二、横木。人的诚信如同车的横木一样。只有安好了横木，车才能行走。人只有具有了诚信，他人才能相信他，他才能在世界上行走。

2.23

子张问："十世可知也？"子曰："殷因于夏礼，所损益，可知也；周因于殷礼，所损益，可知也。其或继周者，虽百世，可知也。"

译　文

子张问道："今后十世的礼制可预知吗？"孔子说："殷朝因袭了夏朝的礼制，其所废除和增加的部分是可以知道的；周朝因袭了殷朝的礼制，其所废除和增加的部分是可以知道的。也许有继承周朝礼制的人，虽然经过了一百世，但那也是可以预知的。"

解　析

一、可知。此是指对于未来的预知。但对于未来的预知是建立在对于过去的已知的基础上的。知道了过去就可以预知未来。

二、因。此是因袭、传承。夏、商、周所传承的无非是礼乐传统。

三、损益。此是废除和增加。所损所益者只是礼乐中的文和质。

2.24

子曰："非其鬼而祭之，谄也。见义不为，无勇也。"

译 文

孔子说："不与自己相关的鬼神而去祭祀它，这是谄媚。见到应该做的事而不去做，这是无勇。"

解 析

一、谄。这是做了不该做的事。

二、无勇。这是没有做应该做的事。

这里重在区分应该和不该。人要做应该做的事，不做不该做的事。

八佾篇第三

（共二十六章）

3.1

孔子谓季氏："八佾舞于庭，是可忍也，孰不可忍也？"

译　文

孔子评论季氏说："他在庭院里享用天子独用的六十四人的乐舞。这也可以忍心去做，那还有什么不可以忍心去做？"

解　析

一、礼乐。此是治国的根本，它有严格的等级制度。天子、诸侯、大夫和士构成从上到下、从大到小的序列，相应的礼乐也应如此。

《孔子像》（石刻）

二、忍。此是忍心。如果人忍心去破坏礼乐制度的话，那么他就可以忍心破坏天下所有的事情。

3.2

三家者以《雍》彻。子曰："'相维辟公，天子穆穆'，奚取于三家之堂？"

译　文

鲁国当政的三大家在祭祀完毕时，唱着《雍》这首诗。孔子说："'诸侯助祭，天子静穆主祭'，这如何能取用在三大家庙堂之上？"

解　析

一、诗。诗歌也纳入了礼乐体系，具有等级制。
二、礼。天子、诸侯、大夫和士应根据礼制各用其诗。

3.3

子曰："人而不仁，如礼何？人而不仁，如乐何？"

译　文

孔子说："作为一个人，但他不仁，这还有什么礼？作为一个人，但他不仁，这还有什么乐？"

解 析

一、仁。它是人的本性的根本规定。只有当人有仁的时候，人才是人，否则就不是人。

二、礼乐。它维系作为个体和整体的人。当人的根本也就是仁不复存在后，所谓的礼乐也就是一种空洞的形态了。

3.4

林放问礼之本。子曰："大哉问！礼，与其奢也，宁俭；丧，与其易也，宁戚。"

译 文

林放问礼的根本。孔子说："你所问的意义重大！就一般礼而言，与其奢华，宁可节俭；就丧礼而言，与其周备，宁可哀戚。"

解 析

一、礼。它有其本末。本是质，是敬重；末是文，是仪式。

二、区分。礼应本末兼顾。但与其舍本求末，宁可重本轻末。

3.5

子曰："夷狄之有君，不如诸夏之亡也。"

译 文

孔子说:"夷狄虽然有国君,但不如诸夏没有国君。"

解 析

一、诸夏与夷狄。这是民族的区分。其区别不仅在于血缘的差异,而且在于文明的不同。诸夏与夷狄区分的根本是文明和野蛮,也就是礼乐文化和非礼乐文化。因此,诸夏与夷狄的血缘的不同实际上成为了道统的不同。

二、国君。他代表王统。有国君和无国君就是有无王统。

三、道统和王统。道统高于王统。因此,夷狄虽然有国君,但不如诸夏没有国君。

3.6

季氏旅于泰山。子谓冉有曰:"女弗能救与?"对曰:"不能。"子曰:"呜呼!曾谓泰山不如林放乎?"

译 文

季氏要去祭祀泰山。孔子对冉有说:"你不能挽救吗?"冉有回答说:"不能。"孔子说:"哎呀!竟可以说泰山还不如林放知礼?"

解 析

一、祭山。按照礼制,祭祀山川也要分天子、诸侯、大夫和士。泰山为天子所祭。

二、季氏。他要祭拜泰山,这违背了礼制。季氏作为大夫不可祭祀天子所祭的泰山。

三、挽救。季氏违礼，冉有没有谏诤。但孔子要求冉有劝阻季氏，并认为季氏也会听从冉有的劝阻。这在于泰山之神知礼，只会接受合于礼制的祭祀。难道祭祀者不该知礼吗？

3.7

子曰："君子无所争。——必也射乎！揖让而升，下而饮。其争也君子。"

译　文

孔子说："君子无所争。如果有所争的话，那么这一定是射箭了！但人们射箭时，相互揖让而升堂比赛，之后下堂去饮酒。这种竞争也是君子之争。"

解　析

一、无争。君子求道，不是求欲，故无所争。所争为所欲之争。

二、射。射礼虽然是君子之争，但它合乎礼节，争而不斗。

3.8

子夏问曰："'巧笑倩兮，美目盼兮，素以为绚兮。'何谓也？"子曰："绘事后素。"

曰："礼后乎？"子曰："起予者商也！始可与言《诗》已矣。"

译　文

子夏问道："'动人的笑容，脸颊微动；美丽的眼睛，黑白分明；洁白的底子，色彩绚烂。'这是什么意思?"孔子说："先有白底，然后绘画。"

子夏说："那么礼在后吗?"孔子说："启发我的就是你子夏啊! 这样可以和你讨论《诗经》了。"

解　析

一、绘事后素。绘画先描好白色的底子，然后在其上画上多彩的形象。

二、仁先礼后。先有仁，后有礼；或内有仁，外有礼；或质为仁，文为礼。只有在仁的基础上，才能建立礼。

3.9

子曰："夏礼，我能言之，杞不足征也；殷礼，吾能言之，宋不足征也。文献不足故也。足，则吾能征之矣。"

译　文

孔子说："夏礼，我能说，但其后代杞国不足以作证；殷礼，我能说，但其后代宋国不足以作证。这是因为其文件和贤人不足。如果其文件和贤人充足的话，那么我就可以引来作证了。"

解　析

一、文。这是文件，是物证。

二、献。这是贤人，是人证。

3.10

子曰："禘自既灌而往者，吾不欲观之矣。"

译　文

孔子说："禘祭的礼，从第一次献酒之后，我就不想观看了。"

解　析

一、禘礼。此是天子才能举行的大礼。

二、不观。禘礼虽在，但孔子不欲观。这在于此处的禘礼违反了礼制。

3.11

或问禘之说。子曰："不知也；知其说者之于天下也，其如示诸斯乎！"指其掌。

译　文

有人向孔子问禘祭的理论。孔子说："我不知道；那知道禘祭理论的人对于治理天下，就如同他把东西放在这里一样容易吧！"他边说边指其手掌。

解　析

一、不知。孔子说不知禘礼，正如他不欲观一样。这在于此处的禘礼违反了礼制。

二、知者。禘礼是天子才能举行的大礼。天子知道禘礼，正如他知道如何治理天下。

3.12

祭如在，祭神如神在。子曰："吾不与祭，如不祭。"

译　文

孔子祭祖的时候，如同祖先就在那里；他祭神的时候，如同神灵就在那里。孔子说："如果我不参与祭祀的话，那么这就如同没有祭祀。"

解　析

一、祭祀。它包括祭祀者、被祭祀者和祭祀物等几个要素。但祭祀的核心是真诚。祭祖主孝，祭神主敬。

二、与祭。既然祭祀的核心是真诚，那么祭祀者必须在场。唯有祭祀者在场，被祭祀者也才会在场。被祭祀者只有在祭祀者虔诚的祭祀中才会显现。

论孔子

3.13

王孙贾问曰:"与其媚于奥,宁媚于灶,何谓也?"子曰:"不然。获罪于天,无所祷也。"

译 文

王孙贾问道:"与其取媚于奥(屋内西南角的神),宁可取媚于灶(厨房里的神),这是什么意思?"孔子说:"不对。当人得罪了天,任何祈祷都是无用的。"

解 析

一、祈祷。此是一种独特的言说方式,是人向神的言说。人希望得到神的保佑。

二、奥、灶。这是两种不同的家神。它们的神力也许具有大小之别。

三、天。它是最高的存在者,高于天地间的任何神灵。它也规定了人的存在。

四、人。人在根本上要顺天而行。如果违背了天的话,那么人向任何神的祈祷都是无用的。

3.14

子曰:"周监于二代,郁郁乎文哉! 吾从周。"

译　文

孔子说："周朝建基于夏商二代，其礼乐制度是何等文明啊！我遵从周朝。"

解　析

一、周。周的礼乐制度是对于夏商二代的继承创新，因此，周优于夏商二代。

二、从周。这表明孔子并非简单地复古，而是对于古代善于分析和选择。这也同时表明了孔子反对当时的礼崩乐坏。

3.15

子入太庙，每事问。或曰："孰谓鄹人之子知礼乎？入太庙，每事问。"子闻之，曰："是礼也。"

译　文

孔子进入太庙，每件事情都要问。有人说："谁说鄹人之子知礼啊？他进入了太庙，每件事情都要问。"孔子听到后说："这正是礼。"

解　析

一、问礼。这也许是不知礼而问，也许是知礼而问，但都表明了孔子的谦逊和敬重。

二、知礼。这不仅意味着人要懂得礼的知识，而且意味着要恪守礼的规定，即此礼是否合礼。

论孔子

3.16

子曰:"射不主皮,为力不同科,古之道也。"

译 文

孔子说:"射箭比赛主要并不在于射穿靶子,这是因为每人的力气是不同的。这是古代的规矩。"

解 析

一、主皮。射主皮就是主力。但人的力量是天生不同的,因此,射不主皮。

二、主德。射不主力,但主德。射礼作为礼之一,德是根本。

三、古今。以古之道观当今之现实。

3.17

子贡欲去告朔之饩羊。子曰:"赐也!尔爱其羊,我爱其礼。"

译 文

子贡要去掉每月初一祭祀的羊。孔子说:"子贡啊!你爱那羊,我爱那礼。"

解 析

一、羊。作为祭祀物,羊是祭祀活动中的一个必不可少的要素。

二、礼。祭祀礼包括了祭祀者、被祭祀者和祭祀物等。如果没有祭祀物的话，祭祀活动本身也就不复成为礼了。

3.18

子曰："事君尽礼，人以为谄也。"

译　文

孔子说："人完全按照礼制去侍奉国君，但他人却以为这是谄媚。"

解　析

一、尽礼。臣对于君依礼事奉，这是君臣之间基本的规则。

二、谄媚。在君弱臣强的时候，臣对于君依礼事奉便被人批评为谄媚。

3.19

定公问："君使臣，臣事君，如之何？"孔子对曰："君使臣以礼，臣事君以忠。"

译　文

定公问道："国君使用臣子，臣子事奉国君，应该怎么办？"

孔子答道："国君使用臣子要用礼制，臣子事奉国君要用忠诚。"

论孔子

解　析

一、君。国君使用臣子是上对下。这要合于礼制，不要违反礼制。否则，君臣之间就没有了规则。

二、臣。臣子事奉国君是下对上。这要合于礼制，但还要忠诚。礼制是外在的，忠诚是内在的。

3.20

子曰："《关雎》，乐而不淫，哀而不伤。"

译　文

孔子说："《关雎》，欢乐而不淫荡，悲哀而不伤痛。"

解　析

一、乐而不淫。欢乐是人的一种肯定性的情态，它具有自身的边界。淫荡则是欢乐的极端化，越过了自身的边界。

二、哀而不伤。悲哀是人的一种否定性的情态，它具有自身的边界。伤痛则是悲哀的极端化，越过了自身的边界。

三、中正。乐而不淫和哀而不伤表明，人的情感居于自身之中，而没有越过自身的边界。这就是所谓的中正。

3.21

哀公问社于宰我。宰我对曰:"夏后氏以松,殷人以柏,周人以栗,曰,使民战栗。"子闻之,曰:"成事不说,遂事不谏,既往不咎。"

译 文

哀公问宰我何种树木作为社的主树。宰我回答道:"夏代用松树,殷代用柏树,周代用栗树,这就是说,使民战栗。"孔子听到后说:"完成的事不解说,已遂的事不谏回,过去的事不追究。"

解 析

一、社木。作为神圣之木,社木当然有其寓意。但周代的栗树是否可理解为使民战栗是有疑问的。如果它真的如此理解的话,那么社木就成为了一种恐惧的象征。这不太符合周代的礼乐文化。

二、既往不咎。对于过去要进行区分。对于现在和将来有积极影响的过去应传承,但有消极影响的过去要中断。

3.22

子曰:"管仲之器小哉!"

或曰:"管仲俭乎?"曰:"管氏有三归,官事不摄,焉得俭?"

"然则管仲知礼乎?"曰:"邦君树塞门,管氏亦树塞门。邦君为两君之好,有反坫,管氏亦有反坫。管氏而知礼,孰不知礼?"

论孔子

译 文

孔子说:"管仲器量很小啊!"

有人说:"那管仲节俭吗?"孔子说:"管仲有三处府第可归,手下人员也不兼差,这怎能说节俭?"

那人又问:"那么管仲知礼吗?"孔子说:"国君宫殿前树了一个塞门,管仲也树了一个塞门。国君为宴请外国君王,设有安放酒杯的器具,管仲也设有安放酒杯的器具。如果管仲知礼的话,那么谁还不知礼呢?"

解 析

一、器小。器量狭小不大。大器是大道。管仲器小,这意味着他不识大道。

二、节俭。器小被疑节俭。但管仲不节俭,而奢华。

三、知礼。器小被疑知礼。但管仲不知礼,而僭礼。

3.23

子语鲁大师乐,曰:"乐其可知也:始作,翕如也;从之,纯如也,皦如也,绎如也,以成。"

译 文

孔子告诉鲁国太师音乐演奏的道理,说道:"音乐的道理是可以被知道的:演奏开始时,非常热烈;随后,纯静,清晰,绵延,然后完成。"

解　析

一、始作。这是开端。

二、从之。这是中间。

三、以成。这是结束。

这三者构成了乐章的整体。

3.24

仪封人请见，曰："君子之至于斯也，吾未尝不得见也。"从者见之。出曰："二三子何患于丧乎？天下之无道也久矣，天将以夫子为木铎。"

译　文

仪地的边防官员请求孔子接见，说道："所有到本地的君子，我从来没有不得到接见的。"孔子的学生让孔子接见了他。他出来后说："你们这些人何必忧虑失掉官位呢？天下无道的时间已经够漫长了，天将让孔夫子成为人民的导师。"

解　析

一、天下。它时无道，时有道。但无道终归有道。

二、天。它授命于人，变天下无道到天下有道。

三、木铎。此是导师的喻象。作为人民的导师，孔子引导人民行走在正道上。

论孔子

3.25

子谓《韶》:"尽美矣,又尽善也。"谓《武》:"尽美矣,未尽善也。"

译 文

孔子说《韶》:"尽美尽善。"孔子说《武》:"虽尽美,但未尽善。"

解 析

一、美。它有多种规定。此处的美大概指音乐的形式,如音色、音调等。

二、善。它有多种规定。此处的善大概指音乐的内容,如情感等。

三、美与善。此处美与善的关系有两种形态:一种是尽美又尽善;另一种是尽美不尽善。但还可能有一种形态:尽善不尽美。显然,尽美又尽善是最好的。

3.26

子曰:"居上不宽,为礼不敬,临丧不哀,吾何以观之哉?"

译 文

孔子说:"居上不宽厚,为礼不虔敬,临丧不哀痛,我如何看得下去呢?"

解 析

一、宽。宽厚即仁爱，是治民的根本。

二、敬。虔敬是礼节的根本。

三、哀。哀痛是丧礼的根本。

四、不。居上不宽厚，为礼不虔敬，临丧不哀痛，这表明一个人失去了做人的根本。

里仁篇第四

（共二十六章）

4.1

子曰："里仁为美。择不处仁，焉得知？"

译 文

孔子说："居住在仁爱之乡才为美。不选择居住在仁爱之乡，这怎能算是有智慧？"

解 析

一、里。此处为居住。居住是人的基本的生活方式。

二、仁。仁爱不仅是人的基本规定，而且也是人的居住的基本本性。

三、美。它不仅是美丽，而且是完美，是事物本性的圆满实现。唯有居住在仁爱之乡，人的居住的本性才能得到圆满实现。

四、知。此处的知是智慧。智慧具有区分是非的能力，在此就是区分仁与不仁的能力。智慧不仅区分，而且选择和决定，亦即去非存是，去不仁存仁。居住在仁爱之乡是有智慧的，否则是无智慧的。

清·高凤翰《雪菊图》

4.2

子曰："不仁者不可以久处约，不可以长处乐。仁者安仁，知者利仁。"

译　文

孔子说："不仁者不可以长久处于穷困之中，也不可以长久处于快乐之中。仁者安居于仁，知者利求于仁。"

解　析

一、不仁者。他追求欲望，故长处穷困就会变节，长处快乐就会放荡。

二、仁者。他有仁，安居于自身就是安居于仁。

三、智者。他明仁，努力知道并追求仁。

与不仁者不同，仁者、智者既可以长久处于穷困之中，也可以长久处于快乐之中。

4.3

《先圣像》（《孔圣家语图》）

子曰："唯仁者能好人，能恶人。"

译 文

孔子说："唯有仁者能够喜好人，能够厌恶人。"

解 析

一、好恶。这是人的情感。好是喜好，恶是厌恶。常人从欲望出发而好恶，而仁人从大道出发而好恶。

二、所好所恶。常人所好也许并非善者，而所恶也许并非恶者。但仁者所好必是善者，所恶必是恶者。

三、能好能恶。仁人之所以能好能恶，是因为他凭借仁爱之道。他好其所好，恶其所恶。

4.4

子曰："苟志于仁矣,无恶也。"

译 文

孔子说："如果人志于仁的话,那么他就会无恶了。"

解 析

一、志。它是志向,趋向某一目标。人的志向把人的活动导向某一目标。

二、仁。当人志向于仁的时候,他就走在仁的路上。

三、恶。如果仁是志向的话,那么人就排除了恶。

4.5

子曰："富与贵,是人之所欲也。不以其道得之,不处也。贫与贱,是人之所恶也。不以其道得之,不去也。君子去仁,恶乎成名?君子无终食之间违仁,造次必于是,颠沛必于是。"

译 文

孔子说:"富与贵,是人之所欲求的。如果不以正确的道路而得到它的话,那么人也不接受它。贫与贱,是人之所厌恶的。如果不以正确的道路而去掉它的话,那么人也不拒绝它。如果君子去掉了仁爱的话,那么他如何成就君子之名?君子没有片刻离开仁爱,他在匆忙时必然如此,在颠

宋·文同《墨竹图》

沛时必然如此。"

解 析

一、欲。富贵是人所欲，贫贱是人所不欲。

二、道。它是道路，而且是真正的道路、正确的道路。道在此就是仁爱之道。

三、欲与道。欲望必须被大道所规定和指引。所欲和所不欲应听从大道的召唤。

四、君子之名。君子之名必须有君子之实。实不是其他什么，而正是仁爱。唯有仁爱之实，才有君子之名。

五、君子之实。君子是被仁爱之道所规定的。君子不仅有仁爱，而且就是仁爱。对于君子而言，仁爱不是可有可无的，而是其存在本身。因此，君子之实在于君子时时处处都在实现仁爱。

4.6

子曰："我未见好仁者，恶不仁者。好仁者，无以尚之；恶不仁者，其为仁矣，不使不仁者加乎其身。有能一日用其力于仁矣乎？我未见力不足者。盖有之矣，我未之见也。"

译 文

孔子说："我未见过喜好仁爱的人，厌恶不仁爱的人。喜好仁爱的人，认为天下无物超过仁爱了；厌恶不仁爱的人，他为仁，就是不使不仁爱的事物加于其身。有人能一日用其力量在仁爱上吗？我未见力量不足的人。也许有这种人，但我没见过他。"

论孔子

解　析

一、好仁者。他认为仁是天下最高的，喜好而实现它。好仁者是从肯定方面而言。

二、恶不仁者。他力图排除自身各种不仁爱的事情。恶不仁者是从否定方面而言。

三、为仁。好仁和恶不仁都是为仁。虽然为仁很难，但每个人凭借自己的力量都是可以实现的。这是因为为仁由己，而非由人。

4.7

子曰："人之过也，各于其党。观过，斯知仁矣。"

译　文

孔子说："人所犯的过错，各属于其类别。观察一个人的过错，就知道他是一个什么样的人。"

解　析

一、过。这是缺点，与优点相对。不同类型的人有不同类型的优点，也有不同类型的缺点。

二、观过。分析一个人缺点的类型，就可以知道一个人的类型，如君子和小人。

4.8

子曰："朝闻道，夕死可矣。"

译 文

孔子说："人早晨听到了大道，晚上就可以死了。"

解 析

一、闻道。道是天地人的真理。圣人倾听了道并向人言说，人由此听闻道。

二、生死。道规定了人的生死。人听闻了道，就知道了生的真相，是生命的完满实现。人生得其生，死得其死。

三、朝夕。此喻时间之速。人一旦闻道，即刻就实现了生命的完满。从这可见闻道之重要。

4.9

子曰："士有志于道，而耻恶衣恶食者，未足与议也。"

译 文

孔子说："士志于大道，但耻于贫困的衣食，这种人不足以与他讨论。"

解 析

一、士。此是读书人，是有知识的人，是追求大道的人。因此，士不是一般的知识分子，而是知道分子。

二、衣食。这指满足身体的欲望。如果人与他人在欲望上攀比而感到不足的话，那么他就会生贪欲之心。这将妨碍他追求大道。

三、道。既然士追求道，那么他就不该追求衣食（欲）。道与欲不仅不同，而且道要规定欲。一个追求道而又追求欲的人不是真正的士。他不是同道。

4.10

子曰："君子之于天下也，无适也，无莫也，义之与比。"

译 文

孔子说："君子对于天下的事情，既不既定顺从，也不既定反对，而是以正义作为依据。"

解 析

一、天下。此指天下发生的一切事情的集合。

二、无适无莫。君子之所以对于万事万物既不既定顺从，也不既定反对，是因为他没有怀有自己的欲望而设定既有的立场和观点。

三、义之与比。君子并非取消是非，而是顺从大道，践行正义。

4.11

子曰："君子怀德，小人怀土；君子怀刑，小人怀惠。"

译　文

孔子说:"君子关怀道德,小人关怀田土;君子关怀法度,小人关怀恩惠。"

解　析

一、君子。他求道,故关怀道德和法度。

二、小人。他贪欲,故关怀田土和恩惠。

4.12

子曰:"放于利而行,多怨。"

译　文

孔子说:"人依据利益来行事,会导致很多怨恨。"

解　析

一、利益。此是欲望之利益。人从欲望出发,必然和他人引发争斗。

二、怨恨。当欲望导致争斗时,怨恨就产生了。此是一种否定性的情绪并具有确定的意向性,也就是人对于他人的怨恨。这既可能是我对他人的怨恨,也可能是他人对我的怨恨。

4.13

子曰:"能以礼让为国乎?何有?不能以礼让为国,如礼何?"

论孔子

孔子说:"人能以礼让来治理国家吗?这有什么困难呢?如果人不能以礼让来治理国家的话,那么人如何对待礼制呢?"

解 析

一、礼让。礼是天地人的游戏规则。但对人而言,其核心是让。让是不争,是让他人如其本性地存在。

二、治国。以礼让来治理国家就会使天下太平。否则,天下就会大乱,礼制也会沦为空洞的条文。

4.14

子曰:"不患无位,患所以立。不患莫己知,求为可知也。"

译 文

孔子说:"不要忧虑没有官位,而要忧虑所以立位的本事。不要忧虑无人知道自己,而要追求为人可知的本事。"

解 析

一、不患。占据官位和为人所知是外在的,在于人。人不要忧虑外在。

二、患。所以立位和为人可知的本事才是内在的,在于己。人要忧虑内在。

4.15

子曰:"参乎! 吾道一以贯之。"曾子曰:"唯。"

子出,门人问曰:"何谓也?"曾子曰:"夫子之道,忠恕而已矣。"

译 文

孔子说:"曾参呀! 我的道理是一以贯之的。"曾子说:"是的。"

孔子出去后,门人问曾子:"这是什么意思?"曾子说:"夫子所说的道理只是忠恕罢了。"

清·金农《梅花图》

论孔子

解　析

一、道。道有多重语意。一是存在性的，如大道；二是思想性的，如道理；三是语言性的，如答道。此处的道是思想性的，指道理，亦即孔子的思想。

二、一。一有多重语意。首先指多中之一；其次指作为整体的一；最后指作为统一的一。此处的一是指作为统一的一，即杂多的统一，也就是贯穿了孔子思想的一根红线。

三、忠恕。忠是中心，恕是如心；忠是忠实，恕是宽恕；忠是对己，恕是对人。忠是自己真实地存在，恕是让他人作为其自身存在。孔子之道并非只是忠恕，而是天道和人道。忠恕只是其中一种。这最后也要归结到仁。孔子一以贯之的道其实为仁。

4.16

子曰："君子喻于义，小人喻于利。"

译　文

孔子说："君子懂得义，小人懂得利。"

解　析

一、君子。义是道。君子懂得道，因此去践行道。

二、小人。利是欲。小人懂得利，因此去实现欲。

4.17

子曰："见贤思齐焉，见不贤而内自省也。"

译　文

孔子说："人看见贤人，就要思考与他齐进，看见不贤的人，就要反省自己。"

解　析

一、贤与不贤。它们虽然对立，但在此处均是他人之事情。

二、见。当我见到他人贤与不贤，他人之事情就相关于我，成为了我之事情。

三、思与内省。此为我的活动。这无非强调我要区分贤与不贤，并选择贤，去掉不贤。这不同于妒贤嫉能和讥诽不贤。

4.18

子曰："事父母几谏，见志不从，又敬不违，劳而不怨。"

译　文

孔子说："人事奉父母时，要委婉地劝告。当人看到自己的心意没有被听从时，对于父母还是要尊敬而不冒犯，虽然忧愁但不怨恨。"

论孔子

解　析

一、几谏。这是委婉劝告，而不是直接批评。这在于父子关系不是平等的，而是有等级的。

二、敬不违。当父母没有听进我的劝告时，我对于父母还是要尊敬而不冒犯。这意在维系父子的等级关系。

三、劳而不怨。人对于父母忧愁但不怨恨。这在于子女对于父母的孝顺是父子之间的基本原则。

4.19

子曰："父母在，不远游，游必有方。"

译　文

孔子说："当父母在世的时候，人不要远游。如果人要远游的话，那么要有一定的方向。"

解　析

一、不游。子女要亲近父母，故不能远游。

二、游。子女即使要远游，也要有一定的方向。这在于子女告诉父母一个确定的地方，便于音讯的传达。

4.20

子曰："三年无改于父之道，可谓孝矣。"

译　文

孔子说："一个人长年不改变父亲的道路，这可以说是孝了。"

解　析

此是三年之丧和长期不改变父亲的道路。父之道可分为善道和恶道。善道不可改变，而恶道自当改变。不改父之道当是不改父亲的善道。

4.21

子曰："父母之年，不可不知也。一则以喜，一则以惧。"

译　文

孔子说："父母的年龄，人不可不知。一方面是欢喜，另一方面是恐惧。"

解　析

一、知年。人知道父母的年龄，是孝道的要求之一。

二、喜忧。人对于父母年龄一喜一忧，喜其寿，忧其衰。这在于生死悖论：人活着多一天，也是离死近一天。

论孔子

4.22

子曰："古者言之不出，耻躬之不逮也。"

译 文

孔子说："古代人言不轻易出口，这是因为人羞耻于自己的行为赶不上。"

解 析

一、言。语言有多重意义。但只就人言而言，它与行为有密切关系。言语是行为的表达，行为是言语的实现。因此，人不可轻言，而要慎言。

二、羞耻。羞耻是关于自己边界的感觉。言行不一就是语言超出了行为的边界，是令人羞耻的。

三、古今。以古人言行一致警今人之言行不一。

4.23

子曰："以约失之者鲜矣。"

译 文

孔子说："人因约束自己而有过失的事情是很少的。"

解 析

一、约。此是约束自己。人用道来约束自己的欲望。

二、失。此是过失。人以道制欲，行走在正道上，当然不会有过失。

4.24

子曰:"君子欲讷于言而敏于行。"

译　文

孔子说:"君子要谨慎于言,而勤敏于行。"

解　析

一、言。人言易,故要谨慎。

二、行。人行难,故要勤敏。

4.25

子曰:"德不孤,必有邻。"

译　文

孔子说:"有德的人不孤独,他必然会有相邻之人。"

解　析

一、德。有德者是有道的人。

二、邻。一个有道的人不孤独,他与天地人在一起。他会召唤并聚集其他有道的人。

论孔子

4.26

子游曰："事君数，斯辱矣；朋友数，斯疏矣。"

译　文

子游说："人事奉君主过于烦琐，这就会招致羞辱；对待朋友过于烦琐，这就会带来疏远。"

解　析

一、君、友。君臣、朋友是人合，不同于夫妇、父子和兄弟是天合。

二、事君。侍奉君主有其边界，否则导致羞辱。

三、事友。对待朋友有其边界，否则带来疏远。

公冶长篇第五

（共二十八章）

5.1

子谓公冶长："可妻也。虽在缧绁之中，非其罪也。"以其子妻之。

译 文

孔子说公冶长："我可以把女儿嫁给他。他虽然被关在监狱之中，但并非是他的罪过。"孔子于是把女儿嫁给了他。

解 析

一、无罪。人获牢狱，或有罪，或无罪。其断定需要事实和法理的依据。如无罪而获刑，实为冤案。

二、可妻。孔子把女儿嫁给公冶长，不仅肯定了他的无罪，而且通过联姻使之成为亲族的一员。

5.2

子谓南容："邦有道，不废；邦无道，免于刑戮。"以其兄之子妻之。

论孔子

译 文

孔子说南容："国家有道，他不被废弃；国家无道，他免于刑罚。"孔子于是把兄长的女儿嫁给了他。

解 析

一、有道。人天下有道则显，故不被废弃。

二、无道。人天下无道则隐，故免于刑罚。

5.3

子谓子贱："君子哉若人！鲁无君子者，斯焉取斯？"

译 文

孔子说子贱："这个人是君子呀！如果鲁国无君子的话，那么这个人怎么可能获取这种品德呢？"

解 析

一、君子。一个人成为君子除了自身的修为外，还必须有社会环境的孕育。

二、鲁国。正是因为鲁国遍君子之风，所以能成长出如子贱一样的君子。

5.4

子贡问曰："赐也何如？"子曰："女，器也。"曰："何器也？"曰："瑚琏也。"

译 文

子贡问道："我是一个什么人？"孔子说："你如同一种器皿。"子贡问道："什么器皿？"孔子说："祭祀时盛物用的瑚琏。"

解 析

一、器。此为工具，为人所用。

二、瑚琏。瑚琏为礼器，是一种神圣的器具。

5.5

或曰："雍也仁而不佞。"子曰："焉用佞？御人以口给，屡憎于人。不知其仁，焉用佞？"

译 文

有人说："雍虽然有仁，但没有口才。"孔子说："为什么要有口才呢？口若悬河地与人辩论，只会常常受人憎恨。我不知雍是否有仁爱，但他为什么要有口才呢？"

论孔子

解　析

一、仁。它是道德，不是才能。

二、佞。它是言说的才能。但它不是一种善的才能，而是一种恶的才能。它以假掩真。

5.6

子使漆雕开仕。对曰："吾斯之未能信。"子说。

译　文

孔子让漆雕开去当官。他答道："我对此尚无信心。"孔子听后很高兴。

解　析

一、仕。如果一个人可仕的话，那么他定有一定的治理才能。

二、未能信。一个人可当官却不信能当好官，这当然是谦逊礼让。但这也意味着，一个人还有比当官更伟大的志向，也就是求道。

三、喜悦。孔子所悦不仅是漆雕开的谦逊，而且也是他的求道。

5.7

子曰："道不行，乘桴浮于海。从我者，其由与？"子路闻之喜。子曰："由也好勇过我，无所取材。"

译 文

孔子说:"如果大道行不通的话,那么我想乘木排漂浮于海。跟从我的人,大概只有子路吧?"子路听后大喜。孔子说:"子路好勇过我,无所取材。"

解 析

一、浮海。漂浮于海是一种隐退的方式。孔子思想既有进取,也有隐退。有道则显,无道则隐。

二、好勇。人的行为有度,也就是边界。该显就显,该隐就隐。好勇就会越过边界,不知分寸,也无所用处。

5.8

孟武伯问:"子路仁乎?"子曰:"不知也。"又问。子曰:"由也,千乘之国,可使治其赋也,不知其仁也。"

"求也何如?"子曰:"求也,千室之邑,百乘之家,可使为之宰也,不知其仁也。"

"赤也何如?"子曰:"赤也,束带立于朝,可使与宾客言也,不知其仁也。"

译 文

孟武伯问:"子路仁吗?"孔子说:"不知道。"他又问。孔子说:"子路可以管理千乘之国的兵赋,但我不知道他是否仁。"

孟武伯又问:"冉求怎么样?"孔子说:"冉求可以主管千室之邑、百乘之家,但我不知道他是否仁。"

论孔子

宋·马远（传）《孔子像》

孟武伯又问："公西赤怎么样？"孔子说："公西赤穿戴礼服立于朝廷，可以接待外宾，但我不知道他是否仁。"

解　析

一、子路。他可以管理千乘之国的兵赋。但这只是治理的才能，并非仁。

二、冉求。他可以主管千室之邑、百乘之家。但这也只是治理的才能，并非仁。

三、公西赤。公西赤穿戴礼服立于朝廷。但这也只是治理的才能，并非仁。

孔子强调，仁并非某种才能。

5.9

子谓子贡曰："女与回也孰愈？"对曰："赐也何敢望回？回也闻一以知十，赐也闻一以知二。"子曰："弗如也；吾与女弗如也。"

译　文

孔子对子贡说："你与颜回，谁强一些？"子贡答道："我哪里敢和颜回相比？颜回闻一以知十，我闻一以知二。"孔子说："你是不如他；我和你都不如他。"

解　析

一、颜回。闻一以知十。他知始能知终，能知道事物的整体。

二、子贡。闻一以知二。他知此能知彼，只能知道相关的个别的事物。

三、孔子。他自谦，同时安慰子贡，并赞美颜回。

5.10

宰予昼寝。子曰："朽木不可雕也，粪土之墙不可圬也；于予与何诛？"子曰："始吾于人也，听其言而信其行；今吾于人也，听其言而观其行。于予与改是。"

译　文

宰予在白天睡觉。孔子说："腐朽的木头不可雕刻，粪土般的墙壁不可粉刷；对于宰予，我还能责备什么呢?"孔子说："开始我对于人，听其言而信其行；今天我对于人，听其言而观其行。宰予的事情改变了我的看法。"

解　析

一、昼寝。白天工作，晚上睡觉，此为常理。白天不工作而睡觉，实懒惰至极。

二、听而信。听人言说并信其行为与言说一致。

三、听而观。听人言说但观其行为是否与言说一致。

四、信与观。信在此是相信语言的真实性，也就是一种与行为一样的语言。与信不同，观不仅是观察，而且也是思考，是鉴别。它区分语言与行为是否一致，并选择是否相信言说。

5.11

子曰："吾未见刚者。"或对曰："申枨。"子曰："枨也欲，焉得刚?"

译　文

孔子说："我没有见到刚强的人。"有人答道："申枨。"孔子说："申枨多欲，怎能刚强?"

解　析

一、刚。此是刚强不屈，亦即不屈于物欲。但唯有有道者才能不屈于物欲。

二、欲。此是贪欲。贪欲者无道，屈于外物，不可能刚。

5.12

子贡曰："我不欲人之加诸我也，吾亦欲无加诸人。"子曰："赐也，非尔所及也。"

译 文

子贡说："我不想他人强加于我，我也不想强加于他人。"孔子说："子贡呀，这不是你所能做到的。"

解 析

一、人与我。人生活在社会之中。这表现为人与我的关系或我与人的关系。

二、加。此是强加。人与我之间的强加和被强加都是伤害和被伤害，是不仁。

三、无加。这就是去掉不仁，达到仁。

5.13

子贡曰："夫子之文章，可得而闻也；夫子之言性与天道，不可得而闻也。"

译 文

子贡说："夫子所讲的文献，我们听得到；夫子所讲性与天道，我们听不到。"

论孔子

解　析

一、文章。此即文献，包括诗书礼乐。

二、性。此为本性。在物为物性，在人为人性。但一般为人性。

三、天道。此为天的道路，亦即天命。

四、闻与不闻。文章是可见的、可说的，故可闻。性与天道是不可见的，是不可说的（至少是难说的），故不可闻。

5.14

子路有闻，未之能行，唯恐有闻。

译　文

子路有所闻，但还未能去行动，唯恐又有所闻。

解　析

一、闻。此是闻到行动的道理。

二、行。此是实行闻到的道理。

三、恐闻。勇者闻而必行。当闻而未行，人就会行前恐闻了。

5.15

子贡问曰："孔文子何以谓之'文'也?"子曰："敏而好学，不耻下问，是以谓之'文'也。"

译 文

子贡问道："孔文子凭什么封为'文'呢?"孔子说："敏而好学,不耻下问,所以封他为'文'。"

解 析

一、问"文"。这里关于文的问题可以表述为:一个不该封为"文"的人为什么封为了"文"?

二、学问。一般聪敏者不好学,而一个聪敏者好学是非常的;一般上位者耻于问,而一个上位者不耻于问是非常的。

三、答"文"。人能好学好问,不仅有文化教养,而且能文饰过失。

5.16

子谓子产:"有君子之道四焉:其行己也恭,其事上也敬,其养民也惠,其使民也义。"

译 文

孔子评论子产:"他有君子之道四种:他自己行为恭谦,事奉君上敬重,教养人民有恩惠,使用人民合正义。"

解 析

一、行己也恭。恭是人对于自己的态度。恭是恭谦。人不自高自大,处于低下地位。这也意味着人对于他人的礼让。

二、事上也敬。敬是人对于君主的态度。敬是敬重。人尊崇他人的高等地位。这种地位不仅是政治的，而且也是道德的、智慧的等。

三、养民也惠。惠是人对于民众的一种态度。惠是恩惠。人给予他人物质或精神的利益。

四、使民也义。义是人对于民众的另一种态度。义是正义。人对于民众的使用合于道义的要求。

5.17

子曰："晏平仲善与人交，久而敬之。"

译 文

孔子说："晏平仲善于与人交友，时间长久，但人依然敬重他。"

解 析

一、交。人与人交往是必需的。但交往不仅要求有道德，而且要求有智慧。这就要把握交往的远近和深浅等。

二、敬。一般而言，人的交往短期会热烈，长久会淡化。同时，短期只会看到彼此的优点，而长期会看到彼此的缺点。一个人长期与他人交往能被人敬重，表明了这个人有非凡的道德和智慧，也就是说，这个人是一个仁者和智者。

5.18

子曰："臧文仲居蔡，山节藻棁，何如其知也？"

译 文

孔子说:"臧文仲养了一种叫蔡的神龟,神龟住的房子有雕刻如山的斗拱和画着藻草的短柱,这怎么能说他有智慧呢?"

解 析

一、居蔡。人养所谓的神龟,这本身就是一种迷信。人居然为神龟建造华丽的房子,这更是荒谬绝伦。

二、智慧。智慧知道真理,明辨是非。龟是动物,不是神;人应把龟当龟,而不应把龟当神。否则,人就没有智慧,只有愚蠢。

5.19

子张问曰:"令尹子文三仕为令尹,无喜色;三已之,无愠色。旧令尹之政,必以告新令尹。何如?"子曰:"忠矣。"曰:"仁矣乎?"曰:"未知。焉得仁?"

"崔子弒齐君,陈文子有马十乘,弃而违。至于他邦,则曰:'犹吾大夫崔子也。'违之。之一邦,则又曰:'犹吾大夫崔子也。'违之。何如?"子曰:"清矣。"曰:"仁矣乎?"曰:"未知。焉得仁?"

译 文

子张问道:"令尹子文多次当令尹,无喜悦的脸色;多次被罢免,无愠怒的脸色。他把自己当令尹时的政事完全告诉新的令尹。这个人如何?"孔子说:"他很忠诚。"子张问:"他算仁吗?"孔子说:"我不知道。这怎么可以算上仁?"

论孔子

子张又问:"崔子弑杀了齐君,陈文子有十乘马,舍弃不要而离开。到了其他国家,他说:'这里的当政者如同我国的大夫崔子。'他于是离开了。他到了另一个国家,又说:'这里的当政者如同我国的大夫崔子。'他于是离开了。这个人如何?"孔子说:"他很清白。"子张问:"他算仁吗?"孔子说:"我不知道。这怎么可以算上仁?"

解　析

一、忠。人忠实于自身,并忠实于某人或某物,这意味着人与某人或某物建立了真实的存在关系。忠在此是人忠实于国家。

二、清。人保持自身的纯洁,而分离于他物的污染。清在此是人洁身去乱。

三、仁。仁爱是无欲有道。但忠和清不能表明其没有私欲而怀有大道。在这样的意义上,忠和清均不是仁。

5.20

季文子三思而后行。子闻之,曰:"再,斯可矣。"

译　文

季文子多次思考后才行动。孔子听到后说:"思考两次就可以了。"

解　析

一、三思。人对于事物不思考而行动显然是愚蠢的,但多次思考就会变成算计。算计是权衡这样做会如何,不这样做会如何。因此,这将违背事物的本性,而包藏自己的欲望。

二、再思。人思考了事物，然后对此进行再次思考。在再思中，人不仅检验事物，而且反思自身，审视思考是否切中事物的本性。因此，再思是合于思考的要求的。

5.21

子曰："宁武子，邦有道，则知；邦无道，则愚。其知可及也，其愚不可及也。"

译 文

孔子说："宁武子在国家有道时则智慧；在国家无道时则愚蠢。他的智慧人们可以做到，但他的愚蠢人们不可以做到。"

解 析

一、智慧。天下有道，则天下有智慧。宁武子因此以智慧处之。

二、愚蠢。天下无道，则天下无智慧。宁武子因此以愚蠢处之。人虽有智慧但以愚蠢处之，此愚蠢不是真愚蠢，而是假愚蠢。这实际上是更大的智慧。

三、人。与宁武子不同，一般人可以有智慧但没有愚蠢。这在于人们没有认识到一种假的愚蠢是一种更大的智慧。

5.22

子在陈，曰："归与！归与！吾党之小子狂简，斐然成章，不知所以裁之。"

论孔子

译　文

孔子在陈国说："归去吧！归去吧！我家乡的学生志向远大，文采飞扬，我不知道如何裁理他们。"

解　析

一、归。在周游之后，孔子意欲还乡。这在于其道天下不行，只好归去传道授业。

二、裁。学生并非中道而行，而是颇为狂简。因此，他们尚需裁理，而走入正道。

5.23

子曰："伯夷、叔齐不念旧恶，怨是用希。"

译　文

孔子说："伯夷、叔齐不念过去的仇恨，因此别人对于他们的怨恨很少。"

解　析

一、念恶。念是纪念，不念就是忘记。人念旧恶，就会复仇。人不念旧恶，也就是原谅和宽恕。

二、怨。人复仇会导致怨怨相报，人不复仇才会切断仇恨。

5.24

子曰："孰谓微生高直？或乞醢焉，乞诸其邻而与之。"

译 文

孔子说："谁说微生高正直？有人找他借醋，但他找邻居借来醋再给别人。"

解 析

一、直。正直是人实事求是地去处世。有就有，无就无。是即是，非即非。

二、借。微生高无醋，但他借来醋再转借他人。这不是直，而是曲。他不过是以此求得好名而已。

5.25

子曰："巧言、令色、足恭，左丘明耻之，丘亦耻之。匿怨而友其人，左丘明耻之，丘亦耻之。"

译 文

孔子说："花言巧语、虚容假色、过分的恭敬，左丘明认为可耻，我也认为可耻。藏匿怨恨而友爱他人，左丘明认为可耻，我也认为可耻。"

论孔子

一、伪善。这里的伪善有两种。其一为花言巧语、虚容假色、过分的恭敬；其二为藏匿怨恨而友爱他人。这两种行为并非真正的仁爱。

二、羞耻。人以伪善为耻辱。这在于伪善越过了为人的边界。

5.26

颜渊、季路侍。子曰："盍各言尔志？"

子路曰："愿车马衣轻裘与朋友共，敝之而无憾。"

颜渊曰："愿无伐善，无施劳。"

子路曰："愿闻子之志。"

子曰："老者安之，朋友信之，少者怀之。"

译　文

颜渊、季路站在孔子身边。孔子说："何不各人言说自己的志向？"

子路说："我愿与朋友共同使用车马衣服，虽然用破了，但我也不遗憾。"

颜渊说："我愿不夸大自己的长处，不表白自己的功劳。"

子路说："愿听你的志向。"

孔子说："让老者安，让朋友信，让少者怀。"

解　析

一、子路。他与友共物。此重在物。

二、颜渊。他谦卑礼让。此重在我。

三、孔子。他泛爱众人。此重在天下。圣人气象博大。

5.27

子曰："已矣乎！吾未见能见其过而内自讼者也。"

译　文

孔子说："算了吧！我还未见到能看到自己的过错而自我责备的人。"

解　析

一、见过。人看见自己的过错。
二、自讼。人看见自己的过错并能责备，由此而改过。

5.28

子曰："十室之邑，必有忠信如丘者焉，不如丘之好学也。"

译　文

孔子说："在十户人家的小地方，必有如我一样忠信的人，但没有如我一样好学的人。"

解　析

一、忠信。此相关于道德。
二、好学。此相关于智慧。
三、忠信和好学。光有道德，而无智慧的学习，道德就无法进步。既有道德，又有智慧的学习，道德才会达到完善。

雍也篇第六

（共三十章）

6.1

子曰："雍也可使南面。"

译　文

孔子说："冉雍可以当官。"

解　析

一、南面。此即坐北朝南。这也许与面对南边的阳光相关。当官南面，命令北面者。

二、冉雍。孔子说冉雍可以当官。这说明孔子发现冉雍具有政治才能。

6.2

仲弓问子桑伯子，子曰："可也，简。"

仲弓曰："居敬而行简，以临其民，不亦可乎？居简而行简，无乃大简乎？"子曰："雍之言然。"

译 文

仲弓问子桑伯子这个人如何，孔子说："他可以，很简要。"

仲弓说："居心恭敬而行事简要，用以来治理人民，这不也可以吗？居心简要而行事简要，这不是太简要了吗？"孔子说："你的话是对的。"

解 析

一、简。此即简要不烦，直接把握事情的根本。

二、居敬。敬是敬重。在敬重中，所敬者高于、大于、重于致敬者。致敬者内怀敬畏之情，外有恭谦之貌，将自己投身于所敬者之中。当人居心恭敬，除去私欲，行事自然简要。

三、居简。居心简要而不是居心恭敬，人怀有简要的意愿，而不敬重事物的根本。居心简要而行事简要，这看起来简要，但实际上并不简要。这是因为人在行简之前存行简之心。

大道至简，但行道唯敬。

6.3

哀公问："弟子孰为好学？"孔子对曰："有颜回者好学，不迁怒，不贰过。不幸短命死矣。今也则亡，未闻好学者也。"

译 文

哀公问："在你的弟子中，谁最为好学？"孔子答道："有一个叫颜回的人好学，不迁怒于他人，不犯同样的过错。但他不幸短命死了。现今没有这样的人了，未听说有好学的人。"

论孔子

解 析

《帝尧像》(引自《历代古人像赞》)

《帝舜像》(引自《历代古人像赞》)

一、好学。所学甚多，但主学为道。学道之人，明于为人。为人之本，无非克己以达大道。

二、不迁怒。怒是人对于他物的否定性情绪。怒者的愤怒是由所怒者引发的，怒者将愤怒投向所怒者。怒者和所怒者之间的关系是限定的。但当一般人处于愤怒情绪的时候，他会将所限定的所怒者的边界打破，将非所怒者变成所怒者。这就是迁怒。不迁怒的根本是克己。人不仅不把非所怒者变成所怒者，而且把自己的愤怒变成不愤怒，也就是制怒。

三、不贰过。过是人离开了正道。一般人不会意识自己的过错，即使意识到也不会努力改正。因此，人们会贰过。但当人意识到自己的过错并力图改变它，就会不贰过了。

6.4

子华使于齐，冉子为其母请粟。子曰："与之釜。"

请益。曰："与之庾。"

冉子与之粟五秉。

子曰："赤之适齐也，乘肥马，衣轻裘。吾闻之也：君子周急不继富。"

译　文

公西华被派到齐国作使者，冉有为其母亲向孔子请求小米。孔子说："给她一釜（六斗）。"

冉有请求增加。孔子说："给她一庾（十六斗）。"

冉有给她小米五秉（八十斗）。

孔子说："公西赤到齐国去，乘肥马，衣轻裘。我听说过：君子救急不加富。"

解　析

一、周急。此为救急，即雪中送炭。

二、继富。此为加富，即锦上添花。

6.5

原思为之宰，与之粟九百，辞。子曰："毋！以与尔邻里乡党乎！"

译　文

原思当地方官，孔子给了他小米九百斗，他辞谢。孔子说："别辞谢！把它给你的邻里乡党的人！"

解　析

一、辞。原思辞去他认为那超过了其应得的财富。他考虑的还只是自己。

二、与。孔子不让他辞，要他把多余的部分分给邻里乡党的人。孔子考虑的是他人。

6.6

子谓仲弓曰:"犁牛之子辛且角,虽欲勿用,山川其舍诸?"

译 文

孔子说到冉雍:"杂毛牛之子长着红色的毛和整齐的角,虽然人不用它,但山川之神会舍弃它吗?"

解 析

一、牛。此处的牛之父是杂毛,牛之子却长着红色的毛和整齐的角。牛之子虽然有低贱的出身,但自己却是高贵的。

二、人。一般人讲出身和血统,不会用牛之子。

三、神。山川之神不论出身和血统,不会舍弃英才。

6.7

子曰:"回也,其心三月不违仁,其馀则日月至焉而已矣。"

译 文

孔子说:"颜回其心长久不离开仁爱,其余的学生则偶尔想到仁爱而已。"

解　析

一、三月。此意指长久。人长久不离开仁爱，这意味着仁成为了其存在的规定，不是可有可无的。

二、日月。此意指偶然。人偶尔想到仁爱，这意味着仁还不是其存在的规定，是可有可无的。

6.8

季康子问："仲由可使从政也与?"子曰："由也果，于从政乎何有?"

曰："赐也可使从政也与?"曰："赐也达，于从政乎何有?"

曰："求也可使从政也与?"曰："求也艺，于从政乎何有?"

译　文

季康子问孔子："仲由可以从政吗?"孔子说："仲由果敢，去从政有何不行?"

季康子问："端木赐可以从政吗?"孔子说："端木赐通达，去从政有何不行?"

季康子问："冉求可以从政吗?"孔子说："冉求多艺，去从政有何不行?"

解　析

一、果。此是果敢。人对于选择的事情能作出果敢的决定。

二、达。此是通达。人能通达人情事理。

三、艺。此是多艺。人具有多面的才能。

论孔子

6.9

季氏使闵子骞为费宰。闵子骞曰："善为我辞焉！如有复我者，则吾必在汶上矣。"

译　文

季氏要闵子骞作为费地的长官。闵子骞说："好好为我辞掉吧！如果有人再找我的话，那么我就会逃到汶水之北了。"

解　析

一、辞。人辞去长官的职位。

二、逃。如果无法辞去长官的职位的话，那么人只好逃走。

6.10

伯牛有疾，子问之，自牖执其手，曰："亡之，命矣夫！斯人也而有斯疾也！斯人也而有斯疾也！"

译　文

伯牛有疾，孔子去探问他，穿过窗户握着他的手，说："完了，这是命啊！这样的人竟会有这样的疾病啊！这样的人竟会有这样的疾病啊！"

解　析

一、命。它在此意味着一种人无法控制和抗拒的天的力量。

二、斯人斯疾。虽然这样的人不该会有这样的疾病，但这样的人竟会有这样的疾病。

6.11

子曰："贤哉，回也！一箪食，一瓢饮，在陋巷，人不堪其忧，回也不改其乐。贤哉，回也！"

译 文

孔子说："贤良啊，颜回！一碗饭，一瓢水，居住在陋巷，人们都不堪忍受这种忧苦，颜回却不改变他的快乐。贤良啊，颜回！"

解 析

一、贤。此是贤良、贤德。唯有道之人才有贤良、贤德。

二、忧。此是贫困的生活所带来的烦恼，亦即欲望无法得到满足。

三、乐。此是快乐。在贫困的生活里，人只有忧愁，而没有快乐。但颜回不仅没有忧愁，反而有快乐。所乐何事，所乐道也。颜回有道，当然有乐。

6.12

冉求曰："非不说子之道，力不足也。"子曰："力不足者，中道而废。今女画。"

论孔子

译　文

冉有说："并非是我不喜欢你的道理，而是我的力量不足。"孔子说："力不足的人，走到中道才会废止。但现在你自己已划界不上路。"

解　析

一、非不说。这意在说明自己并非没有意愿。

二、力不足。这意在强调自己没有实际能力。

三、画。此为划界。孔子认为，冉有并非没有能力，而是没有意愿。划界就是对于意愿的否定。

6.13

子谓子夏曰："女为君子儒！无为小人儒！"

译　文

孔子对子夏说："你要做君子儒！不要做小人儒！"

解　析

一、儒。作为一种职业，儒者主要是通六艺之能而求仕或教学。

二、君子儒。此儒为道。

三、小人儒。此儒为欲。

四、选择。人要对于儒者进行区分，并作出选择和决定，为道不为欲。

6.14

子游为武城宰。子曰:"女得人焉耳乎?"曰:"有澹台灭明者,行不由径,非公事,未尝至于偃之室也。"

译 文

子游做武城的长官。孔子说:"你得到了什么人才吗?"子游说:"有一个叫澹台灭明的人,行走不由小径,如果他没有公事的话,那么他从不到我的居处来。"

解 析

一、人才。为政的一个重点就是善用人才。判断人才的标准是多面的,但最主要的是有道无欲。

二、澹台灭明。此处所说的两件事情(行不由径,不入私室)表明澹台灭明没有私欲,是一个人才。

6.15

子曰:"孟之反不伐,奔而殿,将入门,策其马,曰:'非敢后也,马不进也。'"

译 文

孔子说:"孟之反不夸耀自己。当打败仗后大家奔跑时,他独自押后。将进入城门时,他用鞭子策马,说:'并非我敢于押后,而是马不快跑。'"

论孔子

解 析

一、不伐。伐是自夸。伐者欲望现，大道灭。不伐者去欲求道。

二、人、马。孟之反把人的功劳转化为马的行为。不伐在此就是用马的慢跑来掩盖人的押后。

6.16

子曰："不有祝鮀之佞，而有宋朝之美，难乎免于今之世矣！"

译 文

孔子说："如果没有祝鮀的口才，而只有宋朝的美丽的话，那么人也难免于当今之世的祸害！"

解 析

一、佞、美。佞是口才，美是美丽。这两者都能取悦于人。口才悦心，美丽悦目。

二、免。人生乱世，难免灾祸。但口才与美丽可以悦人，故能免除灾祸。

6.17

子曰："谁能出不由户？何莫由斯道也？"

译　文

子曰："谁能走出室外而不经由门户呢？为何无人经由我的这条道路呢？"

解　析

一、户。人出外必经由门户。这是人人皆知的事实。

二、道。人在世界上生存也要行走在大道上。但很多人却走旁门左道，这在于他们从自己的私欲出发。

6.18

子曰："质胜文则野，文胜质则史。文质彬彬，然后君子。"

译　文

孔子说："质朴胜过文采则过于粗野，文采胜过质朴则过于浮夸。文采和质朴结合适度，这才是君子。"

解　析

一、文。此是文采，亦即礼文。

二、质。此是质朴，亦即仁德。

三、文与质。这两者不可偏重，而应结合适度，达到和谐。

论孔子

6.19

子曰："人之生也直，罔之生也幸而免。"

译　文

孔子说："人的生活应该正直，那些不正直生活的人不过是侥幸免除了灾祸。"

解　析

一、直。此为正直。人沿道而行。

二、罔。此为弯曲。人离道而行。

6.20

子曰："知之者不如好之者，好之者不如乐之者。"

译　文

孔子说："知道某物的人不如喜好某物的人，喜好某物的人不如乐于某物的人。"

解　析

一、知。此是人知道事物。这是认识。

二、好。此是人爱好事物。这是意愿。

三、乐。此是人喜乐事物。这是审美。人与事物合一。

6.21

子曰："中人以上，可以语上也；中人以下，不可以语上也。"

译 文

孔子说："中等水平以上的人，可以和他说上等的事情；中等水平以下的人，不可以和他说上等的事情。"

解 析

一、中人。这里包含了对于人的区分。人分为上人、中人和下人。

二、语。此为与人言谈。对于不同的人，人要有不同的言谈。有的可以谈论，有的不可以谈论。

6.22

樊迟问知。子曰："务民之义，敬鬼神而远之，可谓知矣。"

问仁。曰："仁者先难而后获，可谓仁矣。"

译 文

樊迟问什么是智慧。孔子说："务使民众达到正义，敬重鬼神但远离它，这可以说是智慧。"

樊迟问什么是仁爱。孔子说："仁者先艰难而后收获，这可以说是仁爱。"

论孔子

解 析

一、知。其在此主要是区分人与鬼神。对人民，要致力于服务；对鬼神，既要敬重，也要远离。一般人对于鬼神要么敬重而不远离，要么远离而不敬重。敬重而远离，把握了事物的边界，也就是度。

二、仁。其在此是克己。人克制了自己的欲望并达到大道，自有仁爱。

6.23

子曰："知者乐水，仁者乐山。知者动，仁者静。知者乐，仁者寿。"

译 文

孔子说："智慧的人乐于水，仁爱的人乐于山。智慧的人活动，仁爱的人安静。智慧的人快乐，仁爱的人长寿。"

解 析

一、智、仁。智者是有智慧的人，仁者是有仁爱的人。

二、水、山。智者追求真理如水流万方，故乐水；仁者居于大道如山立天地，故乐山。这是不同的自然形象。

三、动、静。智者如水，故动；仁者如山，故静。这是不同的活动状态。

四、乐、寿。智者如水般快乐；仁者如山般长寿。这是不同的生命特性。

6.24

子曰："齐一变，至于鲁；鲁一变，至于道。"

译　文

孔子说："齐国一变革，便达到了鲁国；鲁国一变革，便达到了大道。"

解　析

一、齐、鲁。齐鲁之间的差异表明鲁高于齐。

二、道。道在此是先王之道，亦即礼乐之道。

6.25

子曰："觚不觚，觚哉！觚哉！"

译　文

孔子说："觚不像觚，觚要像觚啊！觚要像觚啊！"

解　析

一、觚。此为酒具。它有其自身的规定性。

二、不觚。觚失去了自身的规定性。

三、觚哉。觚要回到自身的规定性。觚成为一个真正的觚。

论孔子

6.26

宰我问曰："仁者，虽告之曰：'井有仁焉。'其从之也？"子曰："何为其然也？君子可逝也，不可陷也；可欺也，不可罔也。"

译　文

宰我问道："假使有人告诉一仁爱之人：'井里掉下了一个人。'那他会跟从下去救吗？"孔子说："为什么会这样呢？可以让君子走近，但不可以陷害他；可以欺骗他，但不可以愚弄他。"

解　析

一、仁者。他爱人，当然救人。

二、陷、罔。仁者救落井之人，可井上救人，不可下井救人。让仁人下井救人就是陷、罔。陷是陷害；罔是愚弄。

6.27

子曰："君子博学于文，约之以礼，亦可以弗畔矣夫！"

译　文

孔子说："君子广博地学习文献，并用礼节来约束，这样就可以不叛道了！"

解 析

一、文。博学于文容易漫无边际。

二、礼。它给文献的学习制定了一个边界。

三、弗畔。人不越过边界，也就不会反叛大道了。

6.28

子见南子，子路不说。夫子矢之曰："予所否者，天厌之！天厌之！"

译 文

孔子拜见了南子，子路不高兴。孔子发誓道："如果我做了不对的事的话，那么天厌弃我吧！天厌弃我吧！"

解 析

一、予。我的行为合乎礼制，没有不合乎礼制。

二、天。天和我构成一种关联。我合乎礼制，天会肯定；我不合礼制，天会否定。天是我的行为的看守者。

6.29

子曰："中庸之为德也，其至矣乎！民鲜久矣。"

论孔子

孔子说："中庸作为德性，它是最高的了！人民缺少它已经很久了。"

解 析

一、中庸。中是中正，无过，也不不及。庸为普遍性和永恒性。中庸是事物自身的真理。人恪守中庸，就是恪守事物的真理。

二、至德。最高的德也是最高的道。

三、民。唯有道者才有中庸之德，一般的民众无中庸，甚至反中庸。这在于中庸自身遮蔽，同时被民众所遮蔽。

6.30

子贡曰："如有博施于民而能济众，何如？可谓仁乎？"子曰："何事于仁！必也圣乎！尧舜其犹病诸！夫仁者，己欲立而立人，己欲达而达人。能近取譬，可谓仁之方也已。"

译 文

子贡说："如果有人博施于民而能济众的话，那这怎么样？这可说是仁爱吗？"孔子说："这哪里只是仁！这一定是圣！尧舜都难做到如此！所谓的仁，就是自己要站立，而也要让他人站立，自己要通达，而也要让他人通达。人能从近处获取例子去实践，这可以说是实行仁爱的方法。"

解　析

一、圣。此为博施于民而能济众，是一种包容天地万物的伟大境界。

二、仁。此为己欲立而立人，己欲达而达人，是一种由己及人、推己及人的同情行为。

述 而 篇 第 七

（共三十八章）

7.1

子曰："述而不作，信而好古，窃比于我老彭。"

译 文

孔子说："阐述而不创作，相信而喜好古代，我私下和我那老彭相比。"

解 析

一、述而不作。述是阐述，对古的思想阐述出新的思想。作是创作，在思想之无创立思想之有。孔子虽然自谦述而不作，但实际上他述而有作。他既述礼，也作仁。因此，孔子传承并开创大道。

二、信而好古。孔子所述是从古的思想阐述出新的思想。这设定了一个前提，人要相信而喜好古代的思想。所谓古代的思想是先王之道，也就是礼乐文化。

《周公像》（引自《三才图会》）

7.2

子曰:"默而识之,学而不厌,诲人不倦,何有于我哉?"

译 文

孔子说:"静默而记住,学习而不厌烦,诲人而不厌倦,这对于我还有什么难处呢?"

解 析

一、默。此不仅是外在无言,而且是内在宁静。唯有如此,人才能接纳和记住知识。

二、学。人自己把不知道的变成已知道的。但知识是无限的,学习也是无限的。

三、诲。人教他人由无知到有知。他人的学习并非一蹴而就,教诲也要循序渐进。

7.3

子曰:"德之不修,学之不讲,闻义不能徙,不善不能改,是吾忧也。"

译 文

孔子说:"品德不修养,学问不讲习,听闻道义不能行动,不善之处不能改正,这些正是我所忧虑的。"

论孔子

解 析

一、德。德性不仅是先天所生，而且要后天修养。

二、学。学问不仅是理论的，而且是实践的。

三、义。道义不仅要听闻，而且要行动。

四、善。善的实现就是对于不善的改正。

五、忧。孔子所忧虑的四个方面（德、学、义和善）都相关于个人对于大道的践行。

7.4

子之燕居，申申如也，夭夭如也。

译 文

孔子闲居时，很整齐，很舒展。

解 析

一、燕居。此为闲暇时分。

二、申申、夭夭。这既区别于严肃，也区别于嬉戏，可谓中庸得度。

7.5

子曰："甚矣吾衰也！久矣吾不复梦见周公。"

译　文

孔子说："我衰老得太厉害了！长久我不再梦见周公了。"

解　析

一、衰。衰老可能是身体的，也可能是心灵的。

二、梦。这不仅是做梦，而且是理想。梦见周公是梦想实现周公之道，也就是礼乐之道。

7.6

子曰："志于道，据于德，依于仁，游于艺。"

译　文

孔子说："志向于道，根据于德，依靠于仁，畅游于艺。"

解　析

一、志于道。道是大道，是天地人的根本。人要志向于道。

二、据于德。德是德性，是道在人身上的实现。人要根据于德。

三、依于仁。仁是仁爱，是人道，是全德。人要依靠于仁。

四、游于艺。艺是六艺，包括礼、乐、射、御、书、数。艺是通达道的手段。人要畅游于艺。

道贯穿于德、仁、艺之中。

论孔子

7.7

子曰："自行束修以上，吾未尝无诲焉。"

译　文

孔子说："凡十五岁以上自行束带修饰的人，我未尝不教诲的。"

解　析

一、束修。此为束带修饰，喻十五岁以上的成人。

二、教诲。孔子所教并非小学（发蒙之学），而是大学（成人之学）。大学的根本是学道。

7.8

子曰："不愤不启，不悱不发。举一隅不以三隅反，则不复也。"

译　文

孔子说："人的心不想明白，就不去启示他，人的口不想说出，就不去发动他。告诉一个人一个方向，而他不能推出其他三方，我就不再说了。"

解　析

一、启发。启发包括了启发者和被启发者。在启发的过程中，不仅启发者是主动的，而且被启发者也要是主动的。愤和悱就是欲动之态。所谓的启发不过是诱导而已。

　　二、举反。举一反三是一种在个别之中看到整体的能力。这既可以是推理，也可以是直觉。

7.9

子食于有丧者之侧，未尝饱也。

译　文

孔子在有丧事的人的旁侧吃饭时，未曾吃饱过。

解　析

　　一、丧。有丧事的人是哀痛的。人同情有丧事的人，也是哀痛的。

　　二、食。吃饭既是满足饥饿，也是口腹之乐。但在有丧事的人的旁侧吃饭时，就必须节制。

7.10

子于是日哭，则不歌。

译　文

孔子在这一天哭泣过，就不在唱歌。

论孔子

解 析

一、哭、歌。哭一般是悲伤。歌一般是快乐。

二、哭后不歌。悲伤之后不迅速转入快乐。这表明保持悲伤的心境，持守心灵的纯正性。

7.11

子谓颜渊曰："用之则行，舍之则藏，唯我与尔有是夫！"

子路说："子行三军，则谁与？"

子曰："暴虎冯河，死而无悔者，吾不与也。必也临事而惧，好谋而成者也。"

译 文

孔子对颜渊说："被用就行动，被舍就隐藏，只有我与你才这样吧！"

子路曰："你若率领三军，那与谁一起？"

孔了说："徒手搏虎，徒足过河，这样死而无悔的人，我是不和他们在一起的。我所共事的人一定是临事而惧、好谋而成的人。"

解 析

一、孔子、颜渊。用和舍皆是他人，行和藏唯靠自己。一行一藏，一显一隐，无己无欲，随世变化。但无道之人用之不行，舍之不藏。

二、子路。徒手搏虎，徒足过河，不过是勇而无谋而已。死而无悔，终不明白，可算一勇敢的愚夫。

三、孔子。临事而惧，对事物有敬畏之心。好谋而成，对事物有深思熟虑。

7.12

子曰："富而可求也，虽执鞭之士，吾亦为之。如不可求，从吾所好。"

译　文

孔子说："如果财富是可求的话，那么虽市场的执鞭之士，但我也愿做。如果财富是不可求的话，那么我还是顺从我所喜好的事情。"

解　析

一、富而可求。如果可获得财富的话，那么我可以不计较贵贱去谋求财富。此处可实现的欲望是合于道的欲望。

二、富不可求。如果不可获得财富的话，那么我还是顺从我所喜好的事情。此处不可实现的欲望是不合于道的欲望。孔子所好无他，唯有大道。

7.13

子之所慎：齐、战、疾。

译　文

孔子所慎重的：斋戒、战争、疾病。

解　析

一、齐。斋戒相关于我与神。唯有纯洁自己的身心，人才能通达神明。

二、战。战争相关于敌我之生死。不是敌死，就是我亡，是生死存亡的搏斗。

三、疾。疾病相关于人自身之生死。人的身体的健康是人的一切活动的基础。

7.14

子在齐闻《韶》，三月不知肉味。曰："不图为乐之至于斯也。"

译　文

孔子在齐听到《韶》，很久尝不出肉味。他说："没想到欣赏音乐能达到如此的地步。"

解　析

一、乐。《韶》乐尽善尽美，显现大道。

二、肉。人专注音乐之美所带来的精神的愉悦，而忘却了味觉所带来的肉体的感受。

7.15

冉有曰："夫子为卫君乎？"子贡曰："诺。吾将问之。"

入，曰："伯夷、叔齐何人也？"曰："古之贤人也。"曰："怨乎？"曰："求仁而得仁，又何怨？"

出，曰："夫子不为也。"

译 文

　　冉有说："夫子赞成卫君吗？"子贡说："好吧。我去问问他。"

　　子贡进入孔子屋里问："伯夷、叔齐是何种人？"孔子说："古代的贤人。"子贡问："他们怨悔吗？"孔子说："求仁而得仁，这又有何怨？"

　　子贡出去后说："夫子不赞成卫君。"

解 析

　　一、怨。这是对于自己所为的懊恼。此处指伯夷、叔齐逊国而逃是否怨悔。

　　二、无怨。孔子认为，伯夷、叔齐逊国而逃是求仁而得仁，当然没有什么可以怨悔。

7.16

　　子曰："饭疏食饮水，曲肱而枕之，乐亦在其中矣。不义而富且贵，于我如浮云。"

译 文

　　孔子说："吃粗粮，饮冷水，弯着胳膊做枕头睡觉，但乐亦在其中。不正义而富贵，于我而言如同浮云一样。"

解 析

　　一、贫穷。虽然贫穷，但是有道，因此快乐。

　　二、富贵。虽然富贵，但是无道，因此鄙弃。

论孔子

7.17

子曰："加我数年，五十以学《易》，可以无大过矣。"

译　文

孔子说："让我多活数年，到了五十来学《易》，这样可以无大过了。"

解　析

一、《易》。此乃阐明天人阴阳大化之道。

二、无过。学《易》则能明天人之道，知吉凶，守进退，当然无过。

7.18

子所雅言，《诗》、《书》、执礼，皆雅言也。

译　文

孔子所用雅言，在读《诗》、读《书》、执行礼节的时候，都是用雅言。

解　析

这描述了孔子言说的习惯。

7.19

叶公问孔子于子路，子路不对。子曰："女奚不曰：其为人也，发愤忘食，乐以忘忧，不知老之将至云尔。"

译　文

叶公向子路询问孔子，子路不回答。孔子说："你为何不说：他的为人，发愤忘食，乐以忘忧，不知老之将至，如此等等。"

解　析

一、发愤忘食。这是忘物，尤其是人忘记自己的身体食用食物。但人不仅忘记食物，而且专注于努力奋斗。

二、乐以忘忧。这是忘心，特别是人忘记一颗忧虑的心。但人不仅忘记忧愁，而且专注于快乐。

三、不知老之将至。这是忘时，特别是最后的时间，亦即衰老并死去的时间。但人不仅忘记衰老，而且践行大道。

7.20

子曰："我非生而知之者，好古，敏以求之者也。"

译　文

孔子说："我并非天生就知道，而是爱好古代文化，勤敏以求得知识的人。"

论孔子

解 析

一、生而知之。此为天才。

二、敏以求之。此为勤奋。

7.21

子不语：怪、力、乱、神。

译 文

孔子不谈怪异、强力、叛乱、鬼神。

解 析

一、怪。此是怪异，与平常相对。

二、力。此是强力，与德性相对。

三、乱。此是叛乱，与安治相对。

四、神。此是鬼神，与人类相对。

五、不语。孔子不语怪、力、乱、神，也就是不谈论怪、力、乱、神。这在于怪、力、乱、神是非道，不是正道。不语不仅是不谈论某物，而且是不思考某物，也不让某物去存在（至少不作为世界的根本存在者）。

7.22

子曰："三人行，必有我师焉；择其善者而从之，其不善者而改之。"

126

译 文

孔子说："几人行走在一起，其中一定有作为我老师的人；我选择其善者而跟从其善，看出其不善者而改正自己类似的不善之处。"

解 析

一、师。老师是已获得智慧和道德的，学生是未获得智慧和道德的。人皆有长短，因此，人皆可以成为老师。

二、善与不善。人主要可以区分为善者与不善者。善者可成为正面的老师；不善者可成为反面的教师。

三、我。我是学生。通过对于老师的区分和学习，去不善而就有善。

7.23

子曰："天生德于予，桓魋其如予何？"

译 文

孔子说："天在我身上生出如此德性，桓魋又能拿我怎么样？"

解 析

一、天。此是人的命运的规定者。天赋予了我的德性，这意味着天生成了我，也将保佑我。

二、桓魋。他是人，不可抗拒天。当天保佑我的时候，人不可能胜过天而伤害我。

论孔子

7.24

子曰："二三子以我为隐乎？吾无隐乎尔。吾无行而不与二三子者，是丘也。"

译　文

孔子说："你们这些学生以为我在隐瞒吗？我对于你们无所隐瞒。我没有什么行为是不让你们知道的，这就是我孔丘。"

解　析

一、我。我（圣人）之道如同天道，明如日月，唯显无隐。

二、人。人以为圣人之道有显有隐。显者明白，隐者深奥。

三、与。此是共同。我（圣人之道）是让人们知道的，没有不让知道的。因此我与人共享，而非隐瞒。

7.25

子以四教：文、行、忠、信。

译　文

孔子教育学生四个方面：文献、行为、忠实、诚信。

解　析

一、文。此是文献。这是知识方面。

二、行。此是行为。这是实践方面。

三、忠。此是忠实。这是德性方面。

四、信。此是诚信。这是德性方面。

孔子所教主要包括了知识、实践和德性等方面。

7.26

子曰："圣人，吾不得而见之矣；得见君子者，斯可矣。"

子曰："善人，吾不得而见之矣；得见有恒者，斯可矣。亡而为有，虚而为盈，约而为泰，难乎有恒矣。"

译　文

孔子说："我看不到圣人；我能见到君子，这就可以了。"

孔子说："我看不到善人，我能见到有恒者，这就可以了。空无装为实有，空虚装为丰盈，穷困装为奢华，这是很难有恒的。"

解　析

一、圣人。他是天地之道的代言者和践行者。

二、君子。他是有道德的人。

三、善人。他是有仁无恶的人。

四、有恒者。他是对某一事情专注而持久的人。

五、无恒者。他不仅是多样变化之人，而且是虚伪不实之人。

有恒者与圣人虽然相距甚远，但唯有成为有恒者，才能成为圣人。因此，有恒是学道和修道的基础。但唯有人去掉无恒，才能成为有恒。

论孔子

7.27

子钓而不纲，弋不射宿。

译 文

孔子钓鱼时不用绳网，用带生丝的箭射鸟时，不射归巢的鸟。

解 析

一、钓鱼、射鸟。此渔猎活动属于广义的技艺。

二、无贪欲。不贪婪获得更多的渔猎之物。

三、非仁。渔猎是杀生行为，多杀非仁，少杀亦非仁。

7.28

子曰："盖有不知而作之者，我无是也。多闻，择其善者而从之，多见而识之，知之次也。"

译 文

孔子说："大概有那种无知而妄作之人，但我不是。多多地听，选择其善者而听从它，多多地见，而记在心中。这就是认知的次第。"

解 析

一、不知而作。这是一种愚蠢而狂妄的行为。

二、多闻多见。这是从现实中逐渐获得并积累知识。

7.29

互乡难与言，童子见，门人惑。子曰："与其进也，不与其退也，唯何甚？人洁己以进，与其洁也，不保其往也。"

译 文

互乡这个地方的人难于交流，但孔子接见了当地的一个童子，弟子对此很疑惑。孔子说："要赞与其进步，不赞与其退步，何必过分？人清洁自己而来，要赞与其清洁，不要死守其过去。"

解 析

一、与。赞与其进步就是为仁。

二、不与。不赞与其退步就是去恶。

7.30

子曰："仁远乎哉？我欲仁，斯仁至矣。"

译 文

孔子说："仁很遥远吗？我欲仁，仁就来了。"

解 析

一、仁。此是人自身本性的规定，不是遥远的，而是亲近的。

二、我。虽然我并不等于仁，但当我追求仁时，仁就会实现。这意在

论孔子

强调为仁在我。

7.31

陈司败问:"昭公知礼乎?"孔子曰:"知礼。"

孔子退,揖巫马期而进之,曰:"吾闻君子不党,君子亦党乎?君取于吴,为同姓,谓之吴孟子。君而知礼,孰不知礼?"

巫马期以告。子曰:"丘也幸,苟有过,人必知之。"

译 文

陈司败问:"昭公知礼吗?"孔子说:"知礼。"

孔子走后,陈司败向巫马期作揖而走近说:"我听说君子不偏袒,难道君子也偏袒吗?鲁君娶亲于吴国,为同姓,称之为吴孟子。鲁君知礼,谁不知礼?"

巫马期将此告诉孔子。孔子说:"我真幸运,只要有过错,他人必知。"

解 析

一、知礼。孔子对于国君不敢说不知礼,只能说知礼。

二、不党。孔子也不能说自己偏袒国君,为尊者讳。

三、有过。孔子只能说自己有过错,而且说他人发现自己的错误是一件幸运的事情。这不仅回避了国君是否知礼的问题,而且肯定了他人的批评。

7.32

子与人歌而善，必使反之，而后和之。

译　文

孔子与人一起唱歌，唱得好，一定请他人再唱一遍，而后自己和着他。

解　析

一、反。这是让他人歌声之美再现，从而倾听欣赏。

二、和。这是自己参与他人的歌唱，让我和他人融入到歌声之美中。

7.33

子曰："文，莫吾犹人也。躬行君子，则吾未之有得。"

译　文

孔子说："学习文献，大概我和他人一样。但努力成为一个君子，我还没有获得。"

解　析

一、文。此是知识。

二、躬行。此是实践。

三、君子。成为君子的关键不是知识，而是道德。

论孔子

7.34

子曰："若圣与仁，则吾岂敢？抑为之不厌，诲人不倦，则可谓云尔已矣。"公西华曰："正唯弟子不能学也。"

译 文

孔子说："若说圣与仁，那我岂敢当？不过是为之不厌，诲人不倦，就是如此而已。"公西华说："这正是弟子学不到的。"

解 析

一、圣与仁。此均为道之实现。得道之人即为圣人和仁人。

二、为之不厌。所为为何？所为正是圣与仁。为之不厌，即为之有恒，也就是专注而持久地追求圣与仁。

三、诲人不倦。所诲为何？所诲正是圣与仁。诲人不倦，即诲人有恒。这里不仅所诲是圣与仁，而诲人本身就是圣与仁。

7.35

子疾病，子路请祷。子曰："有诸？"子路对曰："有之。诔曰：'祷尔于上下神祇。'"子曰："丘之祷久矣。"

译 文

孔子重病，子路请求代为祈祷。孔子说："有这种事吗？"子路答道："有的。诔文说：'为你向上下神灵祈祷。'"孔子说："我早就祷告过了。"

解 析

一、疾病。这是人的身体由于内外因素出现不健康的症状。为了克服疾病，恢复健康，人借助医疗，也祈祷神明。

二、祈祷。这是人与神的对话。人请求获得神的保佑。

三、孔子。他一是质疑代为祈祷之事，二是说明自己早就祷告了，但无助于身体的康复。因他此无需烦劳他人代为祈祷。这表明孔子知道祈祷的限度。不是祈祷（语言和心灵），而是活动才是生活的根本。

7.36

子曰："奢则不孙，俭则固。与其不孙也，宁固。"

译 文

孔子说："奢华就会骄傲，节俭就会固陋。与其骄傲，宁可固陋。"

解 析

一、奢俭。虽然俭比奢好，但奢俭皆有缺陷，不合中庸之道。

二、选择。两权其害，取其轻，故宁俭勿奢。

7.37

子曰："君子坦荡荡，小人长戚戚。"

论孔子

孔子说："君子心胸坦荡，小人心胸狭隘。"

解 析

一、君子。他为道，为公，故心胸坦荡。

二、小人。他为欲，为私，故心胸狭隘。

7.38

子温而厉，威而不猛，恭而安。

译 文

孔子温和而严厉，有威仪而不凶猛，恭敬而安详。

解 析

一、温而厉。温和容易失于柔弱，但孔子却也严厉。

二、威而不猛。威严容易失于凶猛，但孔子却也平和。

三、恭而安。恭敬容易失于紧张，但孔子却也安详。

孔子的圣人气象在根本上就是中和之美。它不是情态的两种极端，而是其中道。因此，圣人气象就是一种度的气象，一种恪守边界的气象。

泰 伯 篇 第 八

（共二十一章）

8.1

子曰："泰伯，其可谓至德也已矣。三以天下让，民无得而称焉。"

译 文

孔子说："泰伯，他可以说达到至德了。他多次礼让天下，人民真不知道如何称颂他。"

解 析

一、至德。这是最高的道德。

二、让天下。让天下区别于霸天下、王天下。让既是礼，也是德。在让中，人克制私欲，达到大道。让天下不仅高于霸天下，而且高于王天下，因此是至德。

8.2

子曰："恭而无礼则劳，慎而无礼则葸，勇而无礼则乱，直而无礼则绞。君子笃于亲，则民兴于仁；故旧不遗，则民不偷。"

论孔子

孔子说："恭敬而无礼则劳倦，谨慎而无礼则畏葸，勇敢而无礼则动乱，直率而无礼则尖刻。君子厚实对待亲人，人民就会兴起仁德；君子不遗弃故旧，人民就不会感情冷淡。"

一、德、礼。恭、慎、勇、直四者虽然是人重要的品德，但它们必须服从礼的规定。有礼，恭、慎、勇、直才是恭、慎、勇、直；无礼，它们就是劳、葸、乱、绞。

二、君子、民众。君子是引导者，民众是被引导者。因此，君子之德能引导民众之德。

8.3

曾子有疾，召门弟子曰："启予足！启予手！《诗》云：'战战兢兢，如临深渊，如履薄冰。'而今而后，吾知免夫！小子！"

曾子有病，召来弟子说："看我的足！看我的手！《诗经》说：'战战兢兢，如临深渊，如履薄冰。'从今而后，我知道可以免除伤害了！学生们！"

一、手足。它是人的身体的一部分。身体是父母所给予，也是天地所生成。

二、知免。人知道身体免除了伤害。人之所以能免除身体的伤害，是因为人时时刻刻小心谨慎，保护自己的身体。

8.4

曾子有疾，孟敬子问之。曾子言曰："鸟之将死，其鸣也哀；人之将死，其言也善。君子所贵乎道者三：动容貌，斯远暴慢矣；正颜色，斯近信矣；出辞气，斯远鄙倍矣。笾豆之事，则有司存。"

译 文

曾子有病，孟敬子探问他。曾子说："鸟之将死，其鸣也哀；人之将死，其言也善。君子所珍贵的道有三项：改动容貌，这就可以远离他人的粗暴怠慢；端正颜色，这就可以接近诚信；控制语气，这就可以远离粗鄙和错误。至于礼仪的事情，自有主管人员负责。"

解 析

一、言。曾子通过鸟死前之音和人死前之言来强调自己病中言谈的善良意愿。

二、道。此是君子的修身之道。这包括了三个方面：动容貌、正颜色、出辞气。三者是与人相见的三个次第：先容貌、次颜色、再辞气。其核心是外礼内仁。

三、笾豆。此指人使用礼器的礼仪活动。

论孔子

8.5

曾子曰:"以能问于不能,以多问于寡;有若无,实若虚,犯而不校。昔者吾友尝从事于斯矣。"

译 文

曾子说:"以有能问于不能,以学问多问于学问寡;有若无,实若虚;虽然被侵犯但不计较。过去我的朋友曾是这样做的。"

解 析

一、问。人皆有长短。人人皆可问,人人皆可学。唯有如此,能而更能,多而更多。

二、若。此是仿佛。某物看起来如此,但事实上并非如此。或者某物看起来并非如此,但事实上如此。有若无,实若虚。有道之人并非隐藏、伪装,而是体悟到自己之有限,大道之无穷。

三、犯而不校。这是容忍、宽恕和不争。

8.6

曾子曰:"可以托六尺之孤,可以寄百里之命,临大节而不可夺也。君子人与? 君子人也。"

译 文

曾子说:"可以把幼小的孤君托付给他,可以把国家的命运寄托给他,面临生死大节而不改变自己。这是君子人？这当然是君子人。"

解　析

一、寄托。一个人可以承担国家的命运。这表明，这种人不为己，而为天下。他不仅有如此的意愿，而且有如此的能力。

二、临节。面临生死大节而不改变自己。这表明，这种人能克服私欲，坚守大道。

8.7

曾子曰："士不可以不弘毅，任重而道远。仁以为己任，不亦重乎？死而后已，不亦远乎？"

译　文

曾子说："士不可以不弘大刚毅，这是因为责任重大而道路遥远。仁作为自己的任务，这不也重大吗？死了才终止，这不也遥远吗？"

解　析

一、弘毅。弘是弘大，毅是刚毅。唯有弘大，才能承重；唯有刚毅，才能耐久。

二、仁。一个人承担仁的使命，可谓重大；一个人生命不息，为仁不止，可谓道远。

论孔子

8.8

子曰："兴于诗，立于礼，成于乐。"

译 文

孔子说："人兴起于诗，站立于礼，完成于乐。"

解 析

一、兴于诗。诗道性情。诗歌可启发、陶冶人的性情。

二、立于礼。礼是规则。礼可使人立于世界之中。

三、成于乐。乐是和谐。乐可使人与天地人和，达到完成和完美。

诗、礼、乐是人生教育的三个方面，它们构成了一个整体。

8.9

子曰："民可使由之，不可使知之。"

译 文

孔子说："可使人民由路而行，不可使人民知道为何。"

解 析

一、由。治者以礼治国，使人民有德，故人民可以由路而行。

二、知。治者不以智治国，不使人民有智，故人民不知道为何由路
而行。

8.10

子曰："好勇疾贫，乱也。人而不仁，疾之已甚，乱也。"

译　文

孔子说："喜好勇敢而厌恶贫穷，这是一种灾乱。有人不仁，对他过于厌恶，这也是一种灾乱。"

解　析

一、恶贫。贫困是人所不欲的生活状态。如果人喜好勇敢而厌恶贫穷的话，那么他就会去争夺财富。争夺会破坏既有的社会秩序，故会导致灾乱。

二、恶不仁。人而不仁当然是恶人。如果人对于恶人过于厌恶的话，那么他会和恶人产生仇恨。仇恨和复仇当然会导致灾乱。

8.11

子曰："如有周公之才之美，使骄且吝，其余不足观也已。"

译　文

孔子说："如果有周公一样的才能的完美，但只要骄傲和吝啬的话，那么其余的方面就不足观了。"

论孔子

解 析

一、周公。作为圣人，他是智慧和道德的典范。

二、骄、吝。骄傲和吝啬是相互依存的，它们是谦虚和大度的对立面。周公的美德主要是谦虚不骄傲。人一旦骄傲（和吝啬），他就失去了周公之德的根本。

8.12

子曰："三年学，不至于谷，不易得也。"

译 文

孔子说："学了三年，还不至于想当官，这不易得。"

解 析

一、学。三年之学已是一长久之学。

二、谷。一般人学习就是为了当官。但有人学习不是为了当官，而是为了求道。

8.13

子曰："笃信好学，守死善道。危邦不入，乱邦不居。天下有道则见，无道则隐。邦有道，贫且贱焉，耻也。邦无道，富且贵焉，耻也。"

译 文

孔子说:"坚定相信、努力学习、誓死保卫正道。不要进入危险的国家,不要居于混乱的国家。天下有道就显现,无道则隐藏。如果人在国家有道时贫且贱的话,那么这是可耻的。如果人在国家无道时富且贵的话,那么这也是可耻的。"

解 析

一、善道。它是天地正道,是人行走的唯一的正确的道路。因此人要坚定相信、学习并践行善道。

二、有道。天下有道,人要显现,不能贫且贱。

三、无道。天下无道,人要隐藏,不能富且贵。

8.14

子曰:"不在其位,不谋其政。"

译 文

孔子说:"不在那个位子上,不谋那个位子上的政事。"

解 析

人要依其所在而行其所事,不可越过自己的边界。

论孔子

8.15

子曰："师挚之始,《关雎》之乱,洋洋乎盈耳哉!"

译 文

孔子说:"从太师挚演奏开始的时候,到《关雎》结束的时候,美妙的音乐充满了耳朵!"

解 析

这描述了一个音乐事件。

8.16

子曰："狂而不直,侗而不愿,悾悾而不信,吾不知之矣。"

译 文

孔子说:"狂妄而不直率,无知而不老实,无能而无信用,我不知道这些人该怎么办。"

解 析

一、狂、侗、悾悾。这是三种德性的缺点。

二、直、愿、信。这是三种德性的优点。

三、不知。一般而言,人有某种德性的缺点,也会有相伴的某种德性的优点。但当人只有缺点而无相伴的优点时,这种人就缺少改变的可能性了。

8.17

子曰:"学如不及,犹恐失之。"

译 文

孔子说:"学习如同追赶不及,追赶上了还恐怕失去。"

解 析

一、不及。人急切地要学到所学的知识,因此如同追赶不及。

二、失之。人学到了所学的知识并试图牢固掌握它,因此还恐怕失去。

8.18

子曰:"巍巍乎,舜、禹之有天下也,而不与焉!"

译 文

孔子说:"真是崇高啊!舜、禹富有天下,但不参与!"

解 析

一、有。此是拥有天下。

二、与。此是参与天下,也就是占有、利用天下。

汉·《大禹治水》(画像石)

三、舜、禹。舜、禹虽然拥有天下，但不参与天下。天下不是为己，而是为公。这表明他们无私欲而有大道，因此崇高。

8.19

子曰："大哉尧之为君也！巍巍乎！唯天为大，唯尧则之。荡荡乎！民无能名焉。巍巍乎其有成功也！焕乎其有文章！"

译 文

孔子说："伟大啊，尧作为君主！崇高啊！唯有天为最大，唯有尧仿效天。广大啊！人民无法称赞他。崇高啊，他有事业成功！光明啊，他有礼乐文明！"

解 析

一、天。它是最大的，是最崇高的。

二、尧。他是圣人。他听从天道而引领人民。他的事业是伟大的，他的礼乐文明是光明的。

三、民。尧如天，人民对他无法赞美。

8.20

舜有臣五人而天下治。武王曰："予有乱臣十人。"孔子曰："才难，不其然乎？唐、虞之际，于斯为盛。有妇人焉，九人而已。三分天下有其二，以服事殷。周之德，其可谓至德也已矣。"

译 文

舜有臣子五人而天下得到了治理。武王说："我有能臣十人。"孔子说："人才难得，不是这样吗？唐、虞之际，这时人才最为兴盛。十人之中还有一位妇人，剩下九人。三分天下，周朝有其二，但仍服侍殷。周朝之德可说是达到了至德。"

解 析

一、人才。此处意在强调人才难得。

二、天下。此处意在强调得人才者得天下。

三、至德。此处的至德是服侍、谦卑和礼让。

8.21

《周武王像》（引自《历代古人像赞》）

子曰："禹，吾无间然矣。菲饮食而致孝乎鬼神，恶衣服而致美乎黻冕，卑宫室而尽力乎沟洫。禹，吾无间然矣。"

译 文

孔子说："禹，我对他没有批评。他自己饮食很差，但孝敬鬼神；衣服破旧，但祭服华美；宫室破旧，但尽力修好水利。禹，我对他没有批评。"

论孔子

解 析

一、无己。禹不追求自己欲望的满足和享受。

二、为公。禹效力于鬼神和人民。他顺天之道，顺人之道。

子罕篇第九

（共三十一章）

9.1

子罕言利，与命，与仁。

译 文

孔子罕见言说利益，但谈与命运，谈与仁爱。

解 析

一、罕言利。利是利益，相关于人的欲望。孔子罕见言说利益，不仅是指极少言说利益，而且是指否定利益。

二、与命与仁。命是天命，是天道；仁是仁爱，是人道。它们是道的核心内容。孔子不仅谈论天命和仁爱，而且赞成天命和仁爱。这表明孔子反对欲望，主张大道。

9.2

达巷党人曰："大哉孔子！博学而无所成名。"子闻之，谓门弟子曰："吾何执？执御乎？执射乎？吾执御矣。"

论孔子

译 文

达巷党的人说："伟大啊，孔子！有博大的学问，而无所成名的专长。"孔子听到后对弟子说："我干什么呢？赶车吗？射箭吗？我赶车算了。"

解 析

一、博学。人博学无它，为通大道。
二、何执。人专执一艺，如执御、执射。御、射之间，御下射高。

9.3

子曰："麻冕，礼也；今也纯，俭，吾从众。拜下，礼也；今拜乎上，泰也。虽违众，吾从下。"

译 文

孔子说："用麻来织帽子，这是古礼；当今用丝来织帽子，这样节俭，我服从大众。堂下磕拜，这是古礼；当今堂上磕拜，这样傲慢。虽然违反大众，但我服从堂下磕拜。"

解 析

一、从众。之所以从众，是因为孔子主张节俭。节俭合于道。
二、违众。之所以违众，是因为孔子主张谦卑。谦卑合于道。

9.4

子绝四——毋意，毋必，毋固，毋我。

译　文

孔子杜绝了四种毛病——不凭空臆想，不必然如此，不固执己见，不自以为是。

解　析

一、毋。此为否定。孔子不是去克服这四种毛病，而是已没有了这四种毛病。

二、意。从我出发对于事物的凭空臆想。

三、必。臆想事物必然如此，而非不必然如此。

四、固。固执于对于事物已经形成的己见。

五、我。此处的我被私欲所规定，而非被大道所规定。

毋意、毋必、毋固、毋我虽然不同，但相互关联。其根本是毋我。毋我就是无我。人克制私欲，合于大道。

9.5

子畏于匡，曰："文王既没，文不在兹乎？天之将丧斯文也，后死者不得与于斯文也；天之未丧斯文也，匡人其如予何？"

论孔子

译 文

孔子囚禁于匡，说："周文王已经死了，文化不就在我这里吗？天若是将要毁灭这种文化，那我作为文王的后死者就不可能掌握这些文化；天若不将要毁灭这种文化，那匡人又能把我怎么样？"

解 析

一、文。此为道之文，亦即人道。具体而言，是礼乐文化、文武之道。

二、天。天之道显现为人之道。天生成并保护礼乐文化，使之不受伤害，更不至于毁灭。

三、人。天授予我传承礼乐文化。道在我身，文在我身。天不毁灭这种文化，人又如何能毁灭这种文化呢？孔子坚信他人不可违天害己。

9.6

太宰问于子贡曰："夫子圣者与？何其多能也？"子贡曰："固天纵之将圣，又多能也。"

子闻之，曰："太宰知我乎！吾少也贱，故多能鄙事。君子多乎哉？不多也。"

译 文

太宰向子贡问道："夫子是圣者吗？他为什么有那么多才能？"子贡说："这本是

《周文王像》（引自《历代古人像赞》）

天让他成为圣人，又让他多能。"

孔子听到后说："太宰知道我呀！我年少贫贱，故多能鄙贱之事。君子要多能吗？君子无须多能。"

解 析

一、太宰。他认为孔子作为圣人多能，圣即多能。但他不知道何以多能：是天生？还是人为？

二、子贡。他并不认为圣即多能，但认为天让孔子成为圣人。孔子作为圣人不但有道，而且多技。

三、孔子。他认为自己多能并非由于天生，而是由于人为。同时，君子重在有道，而非多能。

9.7

牢曰："子云：'吾不试，故艺。'"

译 文

牢说："孔子说过：'我不为国家所用，故有些技艺。'"

解 析

一、试。为国家所用，人需要的是经国济世的才能。最高的治国才能是行天道，得人道。

二、艺。不为国家所用，人需要掌握各种谋生的技能。

论孔子

9.8

子曰:"吾有知乎哉?无知也。有鄙夫问于我,空空如也。我叩其两端而竭焉。"

译 文

孔子说:"我有知识吗?我无知。有一农夫问我,我空空如也。但我叩问其问题的首尾两端,而终于找到了答案。"

解 析

一、无知。孔子不仅否认自己生而知之,而且认为自己无知。但无知在追问之中能够变成有知。

二、空空。这是追问的开端。人没有对于事物任何的预先知识,即使有,也要彻底排除。唯有空空如也,人才能追问事情本身。

三、叩其两端。这是追问的主体步骤。空空既可能指孔子,也可能指农夫。两端是事物的两端,如始终、左右等。这是事物存在的两重边界。一个事物正是在边界上与其他事物相区分,而成为自身。因此,叩其两端就是在边界内追问事物的本性。

四、竭。这是追问的完成。人找到事物的本性,由无知变成有知。

9.9

子曰:"凤鸟不至,河不出图,吾已矣夫!"

译　文

孔子说："天空不飞凤鸟，黄河不出瑞图，我恐怕是完了!"

解　析

一、凤、图。天空飞凤鸟，黄河出瑞图。这是圣人降临、天下有道的吉兆。

二、我。天空不飞凤鸟，黄河不出瑞图，这预示着我的仁爱之道无法流行天下。

9.10

子见齐衰者、冕衣裳者与瞽者，见之，虽少，必作;过之，必趋。

译　文

孔子见到穿丧服的人、戴礼帽穿礼服的人和盲人，相见的时候，这些人虽然年少，但他一定站起;经过他们的时候，他一定弯腰轻步。

解　析

一、齐衰者、冕衣裳者与瞽者。齐衰者是丧者，值得同情;冕衣裳者是官员，值得尊重;盲人是残疾人，值得关怀;少是未成年人，值得爱护。

二、作、趋。站起和弯腰轻步，是人身体的动作。在与人相遇的时候，这种身体动作表示了敬重。

论孔子

9.11

颜渊喟然叹曰:"仰之弥高,钻之弥坚。瞻之在前,忽焉在后。夫子循循然善诱之,博我以文,约我以礼,欲罢不能。既竭吾才,如有所立卓尔。虽欲从之,末由也矣。"

译 文

颜渊喟叹道:"越仰望越觉得崇高,越钻研越觉得坚深。看它在前,忽然在后。夫子循循善诱,以文献来丰富我们,以礼制来约束我们,这使我们欲罢不能。我已经竭尽所能,好像能独自站立。我想继续跟从前行,但不知如何走了。"

解 析

一、夫子。夫子之道高深莫测,变化无穷。但唯有亲历才能亲证之。

二、循循善诱。夫子所教无非智和德。文献启发智慧,礼制培养道德。行走在夫子之道中,被道所吸引,当然欲罢不能。

三、我。我在大道中仿佛能够站立,但尚未能独自行走。我仍需要夫子的引导。夫子是传道者,我是听道者。

9.12

子疾病,子路使门人为臣。病间,曰:"久矣哉,由之行诈也!无臣而为有臣。吾谁欺?欺天乎?且予与其死于臣之手也,无宁死于二三子之手乎?且予纵不得大葬,予死于道路乎?"

译 文

孔子病重，子路要学生作为治丧的臣子。后来孔子病情转好，说："子路的行为欺骗得太久了！我本该无臣但却有臣。这欺骗谁？欺天吗？与其我死于臣之手，不如死于学生之手？即使我不得大葬，难道我死于道路上吗？"

解 析

一、欺。孔子本该无臣，子路却安排有臣。这是虚假行为。人人皆知，故无法欺人，唯有欺天。但天也知人，故天不可欺。

二、死。我死于臣之手，不如死于学生之手。这在于死亡是人最后的大事，治丧由学生而非臣子，不仅合于礼节，而且合于感情。臣子远于学生，学生亲于臣子。

9.13

子贡曰："有美玉于斯，韫椟而藏诸？求善贾而沽诸？"子曰："沽之哉！沽之哉！我待贾者也。"

译 文

子贡说："这里有块美玉，是放在柜子里藏着？还是求良商而卖掉？"孔子说："卖掉吧！卖掉吧！我等着良商。"

解 析

一、玉。它是珍贵之物。藏之则无益，沽之则有利。

二、我。如同玉，我是珍贵之人。我之珍贵，在我有道。道隐则无益天下，道显则有利家国。我欲显不隐，但不有求，而是有待，亦即待大道实行之时。

9.14

子欲居九夷。或曰："陋，如之何？"子曰："君子居之，何陋之有？"

译　文

孔子想居住在九夷。有人说："那里很简陋，怎么办？"孔子说："君子居之，何陋之有？"

解　析

一、居。这不仅是居住在一地方，而且也是生活在一地方。

二、陋。这不仅是物质之简陋，而且是文化之粗陋。

三、君子。君子有道。他居住于一地方，不为此地方所限定，而是改变此地方。这也就是说，君子使此地方成为有道之地。

9.15

子曰："吾自卫反鲁，然后乐正，《雅》、《颂》各得其所。"

译　文

孔子说："我自卫国回到鲁国后才整理音乐，《雅》、《颂》各得其所。"

解 析

这描述了一个事情。

9.16

子曰:"出则事公卿,入则事父兄,丧事不敢不勉,不为酒困,何有于我哉?"

译 文

孔子说:"出外则事奉公卿,入内则事奉父兄,遇到丧事不敢不勉力,不为醉酒所困,这对于我有什么呢?"

晋·顾恺之《女史箴图》(局部)

论孔子

解　析

一、出。在国尽忠。

二、入。在家尽孝。

三、丧事。重视生死礼节。

四、不为酒困。克制己欲，避免醉酒伤身害性。

9.17

子在川上曰："逝者如斯夫！不舍昼夜。"

译　文

孔子在河岸说："流逝的时光就如同这条河流吧！它不分白昼黑夜地奔流。"

解　析

一、逝者。流逝就是时间。它不仅是过去，而且是包括了过去、现在和将来的无限整体。流逝不仅是消逝，而且也是生成，是生生不息。天地人的本性就是这种永远的生成。天旋地转，日出日落，月明月暗，春去秋来，暑尽冬临。人生了死，死了又生，生生死死，死死生生。这一切都是生成。

二、川上。逝者如水。虽然天地人都在流逝而生成，但最直观的流逝现象之一就是流水。流水仿佛是过去、现在和将来的时间，而且在当下聚集。任何一个当下的流水，都包括了过去、现在和将来。

三、孔子。作为圣人，孔子体悟了大道。但大道无形，不可言说。孔子把不可说的生成大道用流水说了出来。

9.18

子曰："吾未见好德如好色者也。"

译 文

孔子说："我未见过好德如好色的人。"

解 析

一、好色。此是出于人的欲望本能。它是天生的，人皆能之。

二、好德。此是出于人的大道追求。它是后天的，非人皆能之，唯有君子能之。

9.19

子曰："譬如为山，未成一篑，止，吾止也。譬如平地，虽覆一篑，进，吾往也。"

译 文

孔子说："譬如造山，虽然还差一筐土便成，但如果停止了的话，那么我就停止了。譬如平地，虽然只是倒了一筐土，但如果继续前进的话，那么我就前进了。"

解　析

一、为山平地。此是人做事的例子。一个事情的整体包括了开端、中间和终结。人从事任何事情都要有始有终，不可无始无终。

二、止、进。虽然人在离事情的最后只是差做一点，但如果人停止的话，那么事情也无法完成；虽然人在事情的开始只是刚做了一点，但如果人继续的话，那么事情也能完成。事情是否能够完成，完全在我，不在物。故人要善始善终，自强不息。

9.20

子曰："语之而不惰者，其回也与！"

译　文

孔子说："听我说了而不懒惰的人，大概只有颜回吧！"

解　析

一、孔子。他与颜回是师生关系。老师是言说者，学生是听言说者。孔子作为言说者，所言最根本的是大道。因此，孔子是传道者，

二、颜回。他是孔子的学生。作为听言说者，颜回对于大道不仅是倾听，而且是听从。他不断跟随大道前行。

9.21

子谓颜渊曰:"惜乎!吾见其进也,未见其止也。"

译 文

孔子谈到颜渊时说:"可惜他死了!我见他进步,未见他止步。"

解 析

一、惜。此是痛惜。一个传道者对于听道者早逝的哀伤。

二、见。此是观察。一个传道者看到了听道者行道进而不止。这种观察不仅得出肯定的判断,而且引出由衷的赞叹。

9.22

子曰:"苗而不秀者有矣夫!秀而不实者有矣夫!"

译 文

孔子说:"庄稼虽然开始生长但不开花的是有的!虽然开花但不结果的也是有的!"

清·《孔子暨七十二弟子神位图》(石刻)

论孔子

解 析

一、物。此处描述庄稼的生命过程：开端（开始生长）、中间（开花）、终点（结果）。有开端，但不一定有中间、终点；有开端和中间，但也不一定有终点。

二、人。此处已说的是物，未说的是人。人要实现事情的所有环节（开端、中间、结尾），才能获得成功，否则归于失败。

9.23

子曰："后生可畏，焉知来者之不如今也？四十、五十而无闻焉，斯亦不足畏也已。"

译 文

孔子说："后生可畏，怎么知道来者不如今者？人到了四十岁、五十岁而不闻道，这也就不足敬畏了。"

解 析

一、后生。人类历史是不断进步的。后生是来者，可能会超过今人。因此，今人要敬畏来者，并鞭策自己。

二、成年。人到成年，应听闻大道。这在于成年是人的成德年或鼎盛期。否则就不足敬畏。

9.24

子曰："法语之言，能无从乎？改之为贵。巽与之言，能无说乎？绎之为贵。说而不绎，从而不改，吾未如之何也已矣。"

译 文

孔子说："符合法则的话，人能不听从吗？改正错误才为贵。符合心意的话，人能不高兴吗？分析一下才可贵。高兴而不分析，顺从而不改正，我不知道这种人该怎么办。"

解 析

一、法语之言。他人所说的符合法则的话，人要听从，并且要改正错误。这是要求知行合一。

二、巽与之言。他人所说的符合心意的话，人能高兴，但是要认真分析。这是要求对于话语进行分辨。

9.25

子曰："主忠信，毋友不如己者，过则勿惮改。"

译 文

孔子说："要以忠实和诚信为主。不要有不如自己的朋友。人一旦有了过错，就不要害怕去改正。"

论孔子

解 析

一、忠信。其根本是诚实，亦即人处于真实和真理之中。这包括了心灵的诚实、语言的诚实和行为的诚实。忠实既对己，也对人。对于他人忠实是与他人保持真正的同一。

二、友。此是同道的人。唯有朋友的差异性和优越性才能帮助自己不断丰富和进步。

三、过。人皆有过错，关键是承认它并改正它。

9.26

子曰："三军可夺帅也，匹夫不可夺志也。"

译 文

孔子说："一个国家的军队，可以夺走统帅，但一个普通的人，不可夺走其志向。"

解 析

一、帅。统帅是军队的大脑。统帅之所以可夺，是因为夺者在人不在己。

二、志。志向是匹夫的灵魂。志向之所以不可夺，是因为夺者在我不在人。

9.27

子曰："衣敝缊袍，与衣狐貉者立，而不耻者，其由也与？'不忮不求，何用不臧？'"子路终身诵之。子曰："是道也，何足以臧？"

译 文

孔子说："穿破旧的丝袍，与穿狐貉的裘皮的人在一起，而不感到羞耻的人，大概只有仲由了？'不妒忌，不贪求，怎能不好？'"子路终身诵之。孔子说："只是如此，何足以好？"

解 析

一、不忮不求。人自己没有，但他人富有。人既不妒忌他人，也不羡慕他人。这已经远离了一般的欲望。

二、何足。但不忮不求只是对于欲望的否定和克制，还不是对于大道的肯定和追求。

9.28

子曰："岁寒，然后知松柏之后凋也。"

译 文

孔子说："天寒了，然后才知松柏不凋谢。"

论孔子

解　析

一、物。天暖时，松柏和非松柏都不存在是否凋谢的现象，人无法区分它们；岁寒时，非松柏凋谢了，松柏不凋谢，人才能够区分它们。

二、人。由物及人。不是在平常时刻，而是在非常时刻，人才能分辨君子和小人。

9.29

子曰："知者不惑，仁者不忧，勇者不惧。"

译　文

孔子说："智者不迷惑，仁者不忧愁，勇者不畏惧。"

解　析

一、知者不惑。智者知道真理，故不迷惑假相。

二、仁者不忧。仁者博爱万物，故不忧虑自己。

三、勇者不惧。勇者气充天地，故不惧怕困难。

知仁勇是君子的三达德。它内关乎知意情，外关乎真善美。

9.30

子曰："可与共学，未可与适道；可与适道，未可与立；可与立，未可与权。"

译 文

孔子说:"可以与他共学,未必可与他行道;可与他行道,未必可与他树立;可与他树立,未必可与他权变。"

解 析

一、共学。人与他人一起学道。

二、适道。人与他人一起行道。

三、与立。人与他人一起立道。

四、与权。人与他人一起权道。

这是对于人的区分。学、适、立和权是人不断前行的几个步骤。最后的权是道的适机妙用。在不同的步骤,人有不同的同道。最后的同道能依道知权用权。

9.31

"唐棣之华,偏其反而。岂不尔思?室是远而。"子曰:"未之思也,夫何远之有?"

译 文

"唐棣的花朵,摇曳多姿。岂不想你?只是住得遥远。"孔子说:"是没有思念,哪里是住得遥远?"

解 析

一、思。人思念一个不在场的人或物。在思念中,思者与被思者聚集

论孔子

在一起。

二、不思。人不思念他人，但认为并非自己没有思念，而是居住距离过于遥远。这把不思念的原因由己推向物。

三、真思。思念在己不在物。只要人思念，就不在乎距离是否亲近或者遥远。人不思念，亲近变成遥远；人真思念，遥远变成亲近。因此，人要真思。

乡党篇第十

（共一章，但分为二十七节）

10.1

孔子于乡党，恂恂如也，似不能言者。

其在宗庙朝廷，便便言，唯谨尔。

译　文

孔子在家乡，非常恭顺，似不能说话。

他在宗庙朝廷，说话流畅，只是很谨慎。

解　析

一、乡党。此是父老乡亲之地，故言谈恭顺。

二、宗庙、朝廷。宗庙是神鬼之地，朝廷是君臣之地，故言谈明晰。

这是对于在不同地方言说的区分。

10.2

朝，与下大夫言，侃侃如也；与上大夫言，闇闇如也。君在，踧踖如

论孔子

也，与与如也。

译 文

孔子在上朝的时候，与下大夫说话，非常直率；与上大夫说话，非常恭敬。当国君在的时候，孔子敬畏不安，威仪中适。

解 析

一、下大夫。下大夫同于孔子，故他言谈直率。

二、上大夫。上大夫高于孔子，故他言谈恭敬。

三、君。君位最高，孔子为臣，故他行为敬畏不安。

这是对于与不同的人交往的言行的区分。

10.3

君召使摈，色勃如也，足躩如也。揖所与立，左右手，衣前后，襜如也。趋进，翼如也。宾退，必复命曰："宾不顾矣。"

译 文

国君召孔子接待外宾时，他面色庄重，脚步快速。他向站立的人作揖，左右拱手，衣服前后飘动，但很整齐。他快步前进，如鸟翼展开。在宾客辞别后，他必回报国君说："宾客已经不回头了。"

解 析

这描述了孔子受国君之命迎宾和送宾的情形。

10.4

入公门，鞠躬如也，如不容。

立不中门，行不履阈。

过位，色勃如也，足躩如也，其言似不足者。

摄齐升堂，鞠躬如也，屏气似不息者。

出，降一等，逞颜色，怡怡如也。

没阶，趋进，翼如也。

复其位，踧踖如也。

译 文

孔子进入朝廷的大门，行动谨慎，如同没有容身之地。

他不立门中，不踩门槛。

他经过国君的座位，面色庄重，脚步快速，其言语似气息不足。

他提衣升堂，行动谨慎，屏气似没有呼吸。

他出来，走下一台阶，面色放松，怡然自得。

他走完台阶，向前趋进，如鸟翼舒展。

他回复其位，又敬畏不安。

解 析

这描述了孔子上朝和退朝的过程。其步骤包括：一、入门；二、过位；三、升堂；四、出来；五、没阶；六、复位。

10.5

执圭，鞠躬如也，如不胜。上如揖，下如授。勃如战色，足蹜蹜如有循。

享礼，有容色。

私觌，愉愉如也。

译 文

孔子（出使外国）拿着玉圭，行动谨慎，如同不胜举起。他向上举如作揖，向下拿如授人。他面色庄重如作战，脚步紧缩如循路。

他敬献礼物的时候，面色容和。

他私下和人相会的时候，非常愉快。

解 析

这描述了孔子出使外国的情形。其细节包括：一、执圭；二、享礼；三、私觌。

10.6

君子不以绀緅饰。红紫不以为亵服。

当暑，袗絺绤，必表而出之。

缁衣，羔裘；素衣，麑裘；黄衣，狐裘。

亵裘长，短右袂。

必有寝衣，长一身有半。

狐貉之厚以居。

去丧，无所不佩。

非帷裳，必杀之。

羔裘玄冠不以吊。

吉月，必朝服而朝。

译　文

君子不用黑色衣料作镶边。不用红紫的衣服作便服。

在暑天，穿着单衣，但必穿着外套再出门。

黑衣配羔裘；白衣配麑裘；黄衣配狐裘。

居家的皮衣要长，但右边的袖子要短。

必有就寝的小被，长度是身长的一倍半。

狐貉的厚毛作坐垫。

丧事完后，无所不佩。

除非上朝的整布做的衣裳，一定要裁去布料。

不可穿着羔裘戴着黑色礼帽去吊丧。

大年初一，必定穿着朝服去朝拜。

论孔子

解　析

这描述了孔子穿衣的情形。主要包括：一、衣色；二、衣长；三、时机。

10.7

齐，必有明衣，布。

齐必变食，居必迁坐。

译　文

斋戒的时候，必有浴衣，布料的。

斋戒时必改变饮食，居住也必迁移地方。

解　析

一、斋戒。人对于自己的身心进行调整，以面神灵。其核心是制欲修道。

二、衣。斋戒必须沐浴，清洁身体。穿布衣非丝衣等，意在克制身体的享受。

三、食。饮食改变平时的习惯，主要是由荤腥变成素食。

四、居。居住迁移地方，不男女同房，无性生活。

这描述了孔子斋戒的情形。

10.8

食不厌精，脍不厌细。

食饐而餲，鱼馁而肉败，不食。色恶，不食。臭恶，不食。失饪，不食。不时，不食。割不正，不食。不得其酱，不食。

肉虽多，不使胜食气。

唯酒无量，不及乱。

沽酒市脯不食。

不撤姜食，不多食。

译　文

粮食不嫌舂得精，鱼肉不嫌切得细。

饭食变馊，鱼肉腐败，不吃。食物颜色变坏，不吃。味道难闻，不吃。烹调不当，不吃。不当时令，不吃。杀生不正，不吃。不得其酱，不吃。

肉虽多，但不吃得超过饭菜。

唯酒无限量，但不乱醉。

过夜的酒和买来的肉不吃。

不撤开姜，但不多吃。

解　析

一、吃。此处所吃并非一般所食，而是美食。

二、不吃。此处所不吃食物主要为：（1）食材变坏；（2）烹调不当；（3）取材不当；（4）配料不当。

三、度。饮食有度。此处主要是酒肉不要过度，以免伤身乱性。

这描述了孔子饮食的情形。

明·文徵明《兰竹图》(卷)

10.9

祭于公，不宿肉。祭肉不出三日。出三日，不食之矣。

译 文

参加公家的祭祀，不让祭肉过夜。自家的祭肉不超出三日。若是祭肉超出三日，就不吃它了。

解 析

这主要说祭肉虽然祭祀过神鬼，但不可久留，因为它会变坏。

10.10

食不语，寝不言。

译 文

吃饭时不说话，睡觉时不言语。

解 析

这主要强调吃饭时吃饭，睡觉时睡觉。人要专注于一事。

10.11

虽疏食菜羹，必祭，必齐如也。

译 文

虽然疏食菜羹，但也必祭，必也如同斋戒一样。

解 析

这强调对日常饮食也很敬重。

论孔子

10.12

席不正，不坐。

译 文

席位安排得不正，不坐。

解 析

这强调坐席位要合乎礼制。

10.13

乡人饮酒，杖者出，斯出矣。

译 文

行乡人饮酒礼后，等到挂杖的老人出去了，自己才出去。

解 析

这描述了孔子在乡饮酒礼中尊重长者。

10.14

乡人傩，朝服而立于阼阶。

译 文

乡人迎神驱鬼时，孔子穿着朝服而立于东边的台阶上。

解 析

这描述了孔子对于乡人迎神驱鬼举止恭敬。

10.15

问人于他邦，再拜而送之。

译 文

托人问候他邦的朋友，向受托的人两拜送行。

解 析

这描述了孔子尊重并感谢使者。

10.16

康子馈药，拜而受之。曰："丘未达，不敢尝。"

译 文

康子送孔子药，孔子揖拜而接受后说："我不懂药性，不敢尝服。"

论孔子

解　析

一、拜受。孔子尊重并感谢人的馈赠。此处是拜人而非拜物。

二、不尝。孔子如实说明自己不懂药性并因此不尝。

10.17

厩焚。子退朝，曰："伤人乎？"不问马。

译　文

孔子的马厩失火。孔子退朝后问："伤了人吗？"他不问马。

解　析

这说明孔子关心人超过动物。

10.18

君赐食，必正席先尝之。君赐腥，必熟而荐之。君赐生，必畜之。
侍食于君，君祭，先饭。

译　文

国君赐的食物，孔子必正席先尝尝。国君赐的生肉，必煮熟敬奉祖
先。国君赐的活物，必畜养起来。

孔子侍奉国君吃饭时，国君祭祀，他先供饭食。

解 析

这描述了孔子区别对待国君所赐之物和侍奉国君吃饭时所执的臣礼。

10.19

疾，君视之，东首，加朝服，拖绅。

译 文

孔子病了，国君看他，他便头朝东，加盖朝服，拖着大带。

解 析

这描述了孔子病中对于前来看望的国君所执的臣礼。

10.20

君命召，不俟驾行矣。

译 文

国君命召，孔子不等车驾好就走去。

解 析

这描述了孔子迅速听命于国君。

论孔子

10.21

入太庙，每事问。

译 文

孔子走进太庙，每事都询问。

解 析

这也许是不知礼而问，也许是知礼而问。但都表明了孔子的谦逊和敬重。

10.22

朋友死，无所归，曰："于我殡。"

译 文

朋友去世，无人收殓，孔子说："我来处理丧事。"

解 析

这描述了孔子注重情谊，为友人送终。

10.23

朋友之馈，虽车马，非祭肉，不拜。

译　文

朋友的馈赠，虽是车马，但只要不是祭肉，孔子也不拜。

解　析

一、馈。孔子区分朋友的馈赠：车马、祭肉。车马虽贵重，但只是财物；祭肉虽不贵重，但祭过鬼神。

二、拜。孔子不拜贵重之物，而拜神圣之物。

10.24

寝不尸，居不客。

译　文

睡觉不像尸体，坐着不像客人。

解　析

这描述了孔子睡觉和坐着的样子。

论孔子

10.25

见齐衰者，虽狎，必变。见冕者与瞽者，虽亵，必以貌。

凶服者式之，式负版者。

有盛馔，必变色而作。

迅雷风烈，必变。

译 文

孔子看见穿孝服的人，虽然亲密，但必改变态度。他看见戴礼帽的人和盲人，虽然常见，但必表示礼貌。

遇到送死人衣服的人，在车上扶木俯身致意，遇到背负国家文件的人，也在车上扶木俯身致意。

遇有丰盛的菜馔，必改变神色而站立起来。

遇有迅雷烈风，必改变自己的言行。

解 析

一、见人。这些人是不平常的人，或是从事不同寻常的事情的人。孔子对于他们均表示敬意。

二、见食。孔子对于盛馔表示敬意，更是对于盛馔的主人表示敬意。

三、见天。孔子对于天地之怒表示敬意。

这描述了孔子对于不同人和物的态度，唯有一敬。

10.26

升车，必正立，执绥。

车中，不内顾，不疾言，不亲指。

译 文

孔子上车时，必正立，然后拉着扶手。

他在车中，不向内回顾，不很快说话，不随意指点。

解 析

这描述了孔子在升车和车中时敬重之容。

10.27

色斯举矣，翔而后集。曰："山梁雌雉，时哉时哉！"子路共之，三嗅而作。

译 文

野鸡惊飞，盘旋天空后又停集一处。孔子说："这些山梁上的雌雉，真得其时啊！真得其时啊！"子路向它们拱手，它们又振翅飞去。

解 析

这描述了孔子和子路遇见野鸡的情形。

先 进 篇 第 十 一

（共二十六章）

11.1

子曰："先进于礼乐，野人也；后进于礼乐，君子也。如用之，则吾从先进。"

译 文

孔子说："那些先行礼乐的人，是野人；那些后行礼乐的人，是君子。如果我用人才的话，那么我选择先进。"

解 析

一、礼乐。此是人之道。野人是质朴的，先进于礼乐；君子是文采的，后进于礼乐。

二、吾从。在野人和君子之间，孔子选择了野人。为何如此？也许先进于礼乐较真，重质；也许后进于礼乐较伪，重文。

唐·阎立本（传）《孔子弟子像》（局部）

11.2

子曰："从我于陈、蔡者，皆不及门也。"

译 文

孔子说："跟从我在陈、蔡的学生，都不在这里了。"

解 析

一、陈、蔡。周游陈、蔡之时是孔子的困厄之时。

二、学生。伴随孔子在陈、蔡共渡患难的学生今不在此。孔子忆旧而思人。

论孔子

11.3

德行：颜渊、闵子骞、冉伯牛、仲弓。言语：宰我、子贡。政事：冉有、季路。文学：子游、子夏。

译 文

孔子弟子中德行好的：颜渊、闵子骞、冉伯牛、仲弓。言语好的：宰我、子贡。政事好的：冉有、季路。文献好的：子游、子夏。

解 析

这是对于孔门某些弟子专长的区分：一、德行；二、言语；三、政事；四、文学。

11.4

子曰："回也非助我者也，于吾言无所不说。"

译 文

孔子说："颜回并非是帮助我的人，他对于我的言语无所不悦。"

解 析

一、助我。学生帮助老师，教学相长，学问共进。

二、悦言。学生喜悦老师之言。老师之言为道，悦言乃爱道。

三、孔叹。孔子认为颜回不仅是帮助者、听道者，而且可能成为传道者。

11.5

子曰："孝哉闵子骞！人不间于其父母昆弟之言。"

译 文

孔子说："闵子骞真孝顺啊！人们不能反对其父母兄弟对他的美言。"

解 析

孔子赞叹闵子骞孝顺。

11.6

南容三复"白圭"，孔子以其兄之子妻之。

译 文

南容多次诵读"白圭"诗篇，孔子便把兄长的女儿嫁给了他。

解 析

一、"白圭"。其诗："白圭之玷，尚可磨也；斯言之玷，不可为也。"这意在人要谨言慎行。南容多次诵读"白圭"诗篇，表明他认可该诗的意义。

二、妻之。孔子把兄长的女儿嫁给了南容，表明孔子喜爱南容，主张谨言慎行。

论孔子

11.7

季康子问："弟子孰为好学？"孔子对曰："有颜回者好学，不幸短命死矣！今也则亡。"

译 文

季康子问："哪个学生最为好学？"孔子答道："有个叫颜回的人好学，但他不幸短命死了！今天没人好学了。"

解 析

孔子赞扬颜回好学，哀其短命，并叹无如颜回者。

11.8

颜渊死，颜路请子之车以为之椁。子曰："才不才，亦各言其子也。鲤也死，有棺而无椁。吾不徒行以为之椁。以吾从大夫之后，不可徒行也。"

译 文

颜渊死了，颜路请求卖掉孔子的车子为他置办外椁。孔子说："不管有才还是不才，但都是自己儿子。我的儿子鲤死了，也只有内棺而无外椁。我不能卖掉车子去走路，来为他置办外椁。因为我做过大夫，所以我不可步行。"

解 析

一、父子。子丧父悲，这是情。

二、徒行。不可卖车而徒行，这是礼。

11.9

颜渊死。子曰："噫！天丧予！天丧予！"

译 文

颜渊死了。孔子说："唉！天要灭我啊！天要灭我啊！"

解 析

一、颜渊。他不仅是听道者，而且可能是未来的传道者。

二、孔子。他是听从天道并将之传达给大众的圣人。

三、天。天将道显示给孔子，孔子传给颜渊。但颜渊死了，道不远传。这如同孔子自己死了。故孔子为颜回悲叹。

11.10

颜渊死，子哭之恸。从者曰："子恸矣！"曰："有恸乎？非夫人之为恸而谁为？"

译　文

颜渊死了，孔子哭他很悲恸。随从说："你太悲恸了！"孔子说："这有太悲恸吗？我不为这样的人悲恸而为什么样的人悲恸呢？"

解　析

一、恸。孔子为颜渊之死深感悲恸，以致不知悲恸。

二、夫人。孔子必须如此悲恸是为了这个人（颜渊）。这在于这个人是听道者和未来的传道者。他的死亡是未来传道者的死亡。孔子如此悲恸是为传道者的死亡而悲恸。

11.11

颜渊死，门人欲厚葬之。子曰："不可。"

门人厚葬之。子曰："回也视予犹父也，予不得视犹子也。非我也，夫二三子也。"

译　文

颜渊死了，学生们想厚葬他。孔子说："不可。"

学生们还是厚葬了他。孔子说："颜回看我如同父亲，但我不得看他如同儿子。但原因不在于我，而在于这几个学生。"

解　析

一、死。颜渊早死，孔子悲切，这是情。

二、葬。但颜渊家贫，孔子反对厚葬，这是理。

11.12

季路问事鬼神。子曰："未能事人，焉能事鬼？"

曰："敢问死。"曰："未知生，焉知死？"

译 文

季路问如何侍奉鬼神。孔子说："未能事奉人，怎能事奉鬼？"

季路说："敢问死的事情。"孔子说："未知道生，怎知道死？"

解 析

一、人、鬼。此处并非意指只需事奉人，而不需事奉鬼，而是强调只有事奉了人，才能事奉鬼。这在于鬼是人的终结。事人之道，方能事鬼之道。

二、生、死。此处并非意指只需知道生，而不需知道死，而是强调只有知道了生，才能知道死。这在于死是生的终结。知生之道，方能知死之道。

11.13

闵子侍侧，訚訚如也；子路，行行如也；冉有、子贡，侃侃如也。子乐。"若由也，不得其死然。"

译 文

闵子站在孔子旁侧，温和恭敬；子路刚强正直；冉有、子贡高谈阔论。

197

论孔子

孔子很快乐。但他说："像仲由啊，恐怕不得好死。"

解　析

一、子乐。子所乐者，弟子有德有才。

二、子忧。子所忧者，仲由不得好死。

11.14

鲁人为长府。闵子骞曰："仍旧贯，如之何？何必改作？"子曰："夫人不言，言必有中。"

译　文

鲁人修建叫长府的金库。闵子骞说："依照旧样，怎么样？何必改作？"孔子说："这个人要么不言，言必有中。"

解　析

一、旧贯。依照旧样，不新改作，以免劳民伤财。

二、言中。不妄言语，言则有理，切中事情。

11.15

子曰："由之瑟奚为于丘之门？"门人不敬子路。子曰："由也升堂矣，未入于室也。"

译 文

孔子说:"仲由的瑟为何弹奏在孔丘的门口?"于是学生们不敬子路。孔子说:"仲由升堂了,但未入于室。"

解 析

一、堂、室。古代宫室,前为堂,后为室。

二、仲由。他升堂了,但未入于室。这比喻他已经进入道内,但并不深远。

11.16

子贡问:"师与商也孰贤?"子曰:"师也过,商也不及。"曰:"然则师愈与?"子曰:"过犹不及。"

译 文

子贡问:"颛孙师与卜商两人,哪个要强些?"孔子说:"颛孙师太过,卜商不及。"子贡说:"那么颛孙师要强一些吗?"孔子说:"过犹不及。"

解 析

一、过。一个事物有自身的边界,亦即度。事物的边界之内就是事物的中道。过是超过了中道。

二、不及。此是没有达到中道。

三、过犹不及。过与不及都不切近事物的中道,过虽然不同于不及,但实际上过犹不及。

论孔子

11.17

季氏富于周公，而求也为之聚敛而附益之。子曰："非吾徒也。小子鸣鼓而攻之可也。"

译 文

季氏比周公富有，但冉求为他聚敛而增加财富。孔子说："他不再是我学生了。你们学生们可鸣鼓而攻之。"

解 析

这表明孔子不仅自己反对弟子不善，而且要求其他弟子反对弟子不善。

11.18

柴也愚，参也鲁，师也辟，由也喭。

译 文

高柴愚笨，曾参迟钝，颛孙师偏激，仲由鲁莽。

解 析

这是对于孔子弟子性格的区分。

11.19

子曰："回也其庶乎？屡空。赐不受命，而货殖焉，亿则屡中。"

译　文

孔子说："颜回的修养已经差不多了？但他常常穷困。端木赐不受天命，而去经商，屡次猜对商业行情。"

解　析

一、颜回。他乐道安贫。

二、端木赐。他不受天命，但求富多靠运气。

11.20

子张问善人之道。子曰："不践迹，亦不入于室。"

译　文

子张问善人之道。孔子说："不踩着他人的脚印，人也就不能进入室内。"

解　析

一、善人之道。这可理解为不是善人而要成为善人的道路，或已是善人而要成为圣人的道路。

二、践迹。践迹是踩着他人的脚印，亦即追随他人行走。这比喻唯有学习圣人，人才能成为圣人。

论孔子

11.21

子曰:"论笃是与,君子者乎?色庄者乎?"

译 文

孔子说:"那只是赞许言论笃实的人,是真正的君子吗?还是面色伪装庄重的人呢?"

解 析

一、论笃。只是赞许言论笃实的人有其肯定的地方,但问题在于:他可能重视行动,也可能轻视行动。

二、分辨。对于只是赞许言论笃实的人要分辨。如果他言行一致的话,那么他是君子者;如果他言行不一的话,那么他是色庄者。

11.22

子路问:"闻斯行诸?"子曰:"有父兄在,如之何其闻斯行之?"

冉有问:"闻斯行诸?"子曰:"闻斯行之。"

公西华曰:"由也问'闻斯行诸',子曰:'有父兄在',求也问'闻斯行诸',子曰:'闻斯行之'。赤也惑,敢问。"子曰:"求也退,故进之;由也兼人,故退之。"

译 文

子路问:"听到就行动吗?"孔子说:"有父兄在,怎么能听到就行动?"

冉有问:"听到就行动吗?"孔子说:"听到就行动。"

公西华说:"仲由问'听到就行动吗',你说:'有父兄在',冉求问'听到就行动吗',你说:'听到就行动'。对此我很困惑,敢问一下。"孔子说:"冉求退缩,故我推进他;仲由胜人,故我压退他。"

解　析

一、闻斯行诸。闻是闻义,行是行义。闻义而马上行义,这指知行快速合一。

二、进、退。进者退之,退者进之。孔子因材施教,但目的是中道而行。

11.23

子畏于匡,颜渊后。子曰:"吾以女为死矣。"曰:"子在,回何敢死?"

译　文

孔子囚禁于匡,颜渊后来赶到。孔子说:"我以为你死了。"颜渊说:"你在,我怎么敢死?"

解　析

一、孔子。他以为颜渊死,是为颜渊生命担忧。
二、颜渊。他自言何敢死,是与孔子生死与共。

论孔子

11.24

季子然问:"仲由、冉求可谓大臣与?"子曰:"吾以子为异之问,曾由与求之问。所谓大臣者,以道事君,不可则止。今由与求也,可谓具臣矣。"

曰:"然则从之者与?"子曰:"弑父与君,亦不从也。"

译　文

季子然问:"仲由、冉求可谓是大臣吗?"孔子说:"我以为你问其他的事情,原来是问仲由、冉求。所谓的大臣,以道事君,不可则止。现在的仲由、冉求,可谓具备大臣的条件了。"

季子然问:"那么他们是顺从上级的人吗?"孔子说:"如果有人弑父与君的话,那么他们也是不会顺从的。"

解　析

一、大臣。在君臣关系中,臣以道事君,从道不从欲。

二、从之。在上下关系中,下以道事上,从道不从欲。

11.25

子路使子羔为费宰。子曰:"贼夫人之子。"

子路曰:"有民人焉,有社稷焉,何必读书,然后为学?"

子曰:"是故恶夫佞者。"

译　文

子路让子羔作为费地的长官。孔子说："这是害人的孩子。"

子路说："那里有民众，有土地庄稼，何必读书才叫为学呢？"

孔子说："因此我厌恶狡辩之人。"

解　析

一、子羔。子路让子羔未学而仕，故孔子认为是误人子弟。

二、子路。他辩解不只是读书才是为学，当官也是为学。

三、孔子。他认为子路是佞者。子路一是混淆了读书和当官，二是颠倒了先读书后当官的秩序。

11.26

子路、曾皙、冉有、公西华侍坐。

子曰："以吾一日长乎尔，毋吾以也。居则曰：'不吾知也！'如或知尔，则何以哉？"

子路率尔而对曰："千乘之国，摄乎大国之间，加之以师旅，因之以饥馑；由也为之，比及三年，可使有勇，且知方也。"

夫子哂之。

"求！尔何如？"

对曰："方六七十，如五六十，求也为之，比及三年，可使足民。如其礼乐，以俟君子。"

"赤！尔何如？"

对曰："非曰能之，愿学焉。宗庙之事，如会同，端章甫，愿为小相焉。"

论孔子

"点！尔何如？"

鼓瑟希，铿尔，舍瑟而作，对曰："异乎三子者之撰。"

子曰："何伤乎？亦各言其志也。"

曰："莫春者，春服既成，冠者五六人，童子六七人，浴乎沂，风乎舞雩，咏而归。"

夫子喟然叹曰："吾与点也！"

三子者出，曾皙后。曾皙曰："夫三子者之言何如？"

子曰："亦各言其志也已矣。"

曰："夫子何哂由也？"

曰："为国以礼，其言不让，是故哂之。"

"唯求则非邦也与？"

"安见方六七十如五六十而非邦也者？"

"唯赤则非邦也与？"

"宗庙会同，非诸侯而何？赤也为之小，孰能为之大？"

译 文

子路、曾皙、冉有、公西华陪着孔子坐着。

孔子说："我不过是大你们几岁，你们不要对我有所顾虑。你们平时说：'没人知道我！'如果有人知道你的话，那么你将怎么办呢？"

子路直接回答道："千乘之国，夹在大国之间，外有军队的威胁，内有饥荒的灾难；我来治理，经过三年，可使人民有勇，而且明白道理。"

孔子对此微微一笑。

孔子问："冉求！你怎么样？"

冉求答道："方圆六七十里或五六十里的国家，我来治理，经过三年，可使人民富足。至于推行礼乐，那要等到君子。"

孔子问："公西赤！你怎么样？"

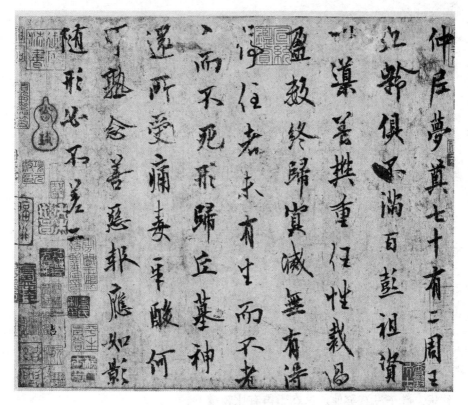

唐·欧阳询《仲尼梦奠帖》

公西赤答道:"我不能说能为,但愿意学习。宗庙祭祀或者接待外宾时,我穿戴衣冠,愿意做一个小司仪。"

孔子问:"曾点!你怎么样?"

曾点轻轻鼓瑟,铿锵一声,舍瑟而立,答道:"我不同于这三位所说的话。"

孔子说:"这有什么关系呢?这不过是各言其志罢了。"

曾点说:"暮春三月,春服已穿,五六个成年人,六七个小孩子,在沂水里沐浴,在舞雩上吹风,歌咏而归。"

孔夫子喟然叹道:"我赞与曾点!"

子路、冉有、公西华三个都出来了,曾皙后走。曾皙说:"这三个人

论孔子

的话怎么样?"

孔子说:"这不过是各言其志罢了。"

曾皙说:"你为何笑仲由呢?"

孔子说:"为国以礼,其言不让,因此笑他。"

曾皙说:"难道冉求说的不是一个国家吗?"

孔子说:"怎见得方圆六七十里或者五六十里地不是一个国家呢?"

曾皙说:"公西赤说的不是一个国家吗?"

孔子说:"宗庙祭祀或者接待外宾,不是国家的事而是什么? 公西赤说做小司仪,那谁做大司仪呢?"

解 析

一、子路。其志向是治国。其目标为:第一,让国家免除内外忧患;第二,让人民勇而有理。但孔子笑他,认为为国以礼,其言不让。

二、冉有。其志向也是治国。其目标只是可让人民富足,但不能推行礼乐。孔子没有笑他。这在于冉有比较谦逊。

三、公西华。其志向是也是治国。其目标是从事礼乐之事。孔子没有笑他。这在于公西华比较谦逊。

四、曾皙。其志向不是治国,而是畅游于天地山水之间。此虽在人间世界,没有神秘超越,与神灵合一,但别于日常生活,远离家国事务。人与天地同乐,与人同乐,与道同乐。这就是所谓的天地境界、圣人气象。这也说出了孔子的最高志向。因此,孔子赞与曾点。

五、次第。孔门四弟子的志向也许说出了治国为道的次第。首先是治乱,其次是富民,再次是礼乐,最后是畅游天地。在此,畅游天地与救世济国并不矛盾。这在于畅游天地是救世济国完满实现后的事情。畅游天地不是在无道之时,而是在有道之日。

颜渊篇第十二

（共二十四章）

12.1

颜渊问仁。子曰："克己复礼为仁。一日克己复礼，天下归仁焉。为仁由己，而由人乎哉？"

颜渊曰："请问其目。"子曰："非礼勿视，非礼勿听，非礼勿言，非礼勿动。"

颜渊曰："回虽不敏，请事斯语矣。"

译 文

颜渊问什么是仁。孔子说："克制自己而复归礼制就是仁。一旦人克制自己而复归礼制，那么天下就会归于仁。为仁由己，难道是由人吗？"

颜渊说："请问为仁的细目。"孔子说："非礼勿视，非礼勿听，非礼勿言，非礼勿动。"

颜渊说："我虽然不勤敏，但我一定按照这句话去行事。"

解 析

一、仁。

1.克己复礼。己是私欲。礼是大道，亦即天地人的游戏规则。克己复

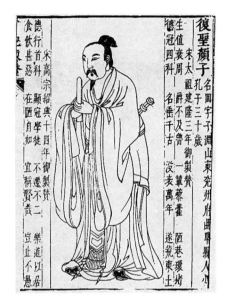

《颜回像》（引自《宣圣及七十二圣贤像》）

礼就是克欲复道。

2.天下归仁。只有当人克己复礼，人才能仁爱天下。当人能仁爱天下，天下就会归于仁。

3.为仁由己。仁的实现完全在于人自己，而不是他人。当人从自身出发实现仁后，就会达到天下实现仁。

二、目。此是细目，与纲要相对。

1.礼在此是人的活动的边界。合礼的就能视、听、言、行，不合礼的就不能视、听、言、行。

2.实际上，不仅视、听、言、行，而且人的一切活动都应被礼所规定。

12.2

仲弓问仁。子曰："出门如见大宾，使民如承大祭。己所不欲，勿施于人。在邦无怨，在家无怨。"

仲弓曰："雍虽不敏，请事斯语矣。"

译 文

仲弓问什么是仁。孔子说："出门工作如同接见贵宾，治理民众如同承担大祭。己所不欲，勿施于人。在国家无怨恨，在家族无怨恨。"

仲弓说："我虽然不勤敏，但我一定按照这句话去行事。"

解 析

一、出门、使民。出门工作如同接见贵宾，治理民众如同承担大祭。此处关键是敬重。对于工作敬重，对于民众敬重。

二、己所不欲，勿施于人。此处关键是推己及人的同情心，亦即恕。但在人己关系中，存在多种可能性。

1.己所不欲，施于人。这是一种暴力。这把自己不欲的强加于他人。

2.己所欲，施于人。这是一种积极的同情。这设定自己和他人是同一的，己所欲，也是人所欲。如：己欲立而立人，己欲达而达人。

3.己所不欲，勿施于人。与"己所欲，施于人"的积极性相比，"己所不欲，勿施于人"具有消极性。因此，这是一种消极的同情。这也设定自己和他人是同一的。己所不欲，也是人所不欲。在这样的意义上，这是一种最低限度的宽恕。

4.己所欲，己所不欲，皆勿施于人。这是由于自己和他人也许是不同的。己所欲，未必是人所欲。己所不欲，未必是人所不欲。

首先，问题不在于己欲和人欲，而在于对所欲进行区分。有的所欲合于道，有的所欲不合于道。己不能把不合于道的欲施于人。

其次，即使己欲合于道，也未必是人所欲。大道宽广，其中包括了多元。如果要将合于道的欲施于人的话，那么就要施于人合于其自身的道。

最后，施本身应该是为仁，是爱。不是霸道，而是王道；不是暴力，而是柔情。

这是一种最高限度的宽恕。在这种宽恕中，人将完全尊重他人的差异性。

《伊尹像》（引自《三才图会》）

5.合于道，行于己，施于人。人己关系在根本上要被道所规定。唯有道是自己可行走的，也是可以让他人行走的。人自己与他人有的方面有同一性，有的方面有差异性。每人走不同的路，但可以相遇在大道上。

三、无怨。仁在此主要是敬重和宽恕。为仁如此，只会导致爱，不会导致恨。这又可以分为两个方面。一方面，我爱人，不恨人；另一方面，他人爱人，不恨人。这正是天下归仁。

12.3

司马牛问仁。子曰："仁者，其言也讱。"

曰："其言也讱，斯谓之仁已乎？"子曰："为之难，言之得无讱乎？"

译 文

司马牛问什么是仁。孔子说："仁者的言语是迟钝的。"

司马牛说："他的言语迟钝，这就可以称为仁吗？"孔子说："行为是困难的，难道语言不该迟钝吗？"

解 析

一、言讱。此意为语言是迟钝的，与敏捷相对。

二、为难。此意为行为是困难的，与容易相对。

三、仁。此意为慎言，且言行一致。此即忠诚、诚信。人既合于人道，也合于天道。人有道当然无欲，行仁为仁。

12.4

司马牛问君子。子曰："君子不忧不惧。"

曰："不忧不惧，斯谓之君子已乎？"子曰："内省不疚，夫何忧何惧？"

译　文

司马牛问什么是君子。孔子说："君子不忧不惧。"

司马牛说："不忧不惧，这样就可以称为君子吗？"孔子说："自己反省没有愧疚，那还有何忧何惧？"

解　析

一、忧惧。忧是担心事情之未成，惧是害怕事情之发生。人之所以忧惧，是因为相关欲望是否实现。

二、不疚。君子为何不忧不惧？这在于他无私欲，无愧于心；同时行大道，处之泰然。

12.5

司马牛忧曰："人皆有兄弟，我独亡。"子夏曰："商闻之矣：死生有命，富贵在天。君子敬而无失，与人恭而有礼，四海之内皆兄弟也。君子何患乎无兄弟也？"

译　文

司马牛忧愁地说："他人皆有兄弟，我独无。"子夏说："我听说过：死

213

生有命，富贵在天。君子敬而无失，与人恭而有礼，四海之内皆是兄弟。君子何必忧虑无兄弟?"

解 析

一、命、天。在此，命是生死的规定者，天是富贵的规定者。因此，人的生死富贵都应该听天由命。

二、敬、恭。虽然人要听天由命，但君子也要由己为仁。为仁在此就是敬业爱人。

三、兄弟。我爱他人，他人爱我。人我不是兄弟，但如同兄弟。爱使天下成为一家。

12.6

子张问明。子曰："浸润之谮，肤受之愬，不行焉，可谓明也已矣。浸润之谮，肤受之愬，不行焉，可谓远也已矣。"

译 文

子张问什么是明白。孔子说："浸润的谗言，切肤的诬告，在你这里行不通，这可以叫作明白。浸润的谗言，切肤的诬告，在你这里行不通，这可以叫作远见。"

解 析

一、谮、愬。谮是谗言，愬是诬告，都是假善行恶的言语。但浸润的谗言是渐进的，切肤的诬告是急迫的。这些言语或慢或快、或直接或间接，都能影响人的心身。

二、明、远。不被假善行恶的言语所蒙蔽，就是明白；不因其而短视，就是远见。

12.7

子贡问政。子曰："足食，足兵，民信之矣。"

子贡曰："必不得已而去，于斯三者何先？"曰："去兵。"

子贡曰："必不得已而去，于斯二者何先？"曰："去食。自古皆有死，民无信不立。"

译　文

子贡问如何为政。孔子说："充足粮食，充足军备，人民信任。"

子贡说："必不得已而要去掉一项，在这三者中，何者为先？"孔子说："去掉军备。"

子贡说："必不得已而要去掉一项，在这二者中，何者为先？"孔子说："去掉粮食。自古以来人都会死，但没有人民的信任，政权就无法站立。"

解　析

一、足食。充足粮食，才能解决人民的生存问题。

二、足兵。充足军备，才能解决国家的安全问题。

三、民信。唯有人民信任，政权才能稳定。唯有政权稳定，才能充足粮食，才能充足军备。但人民信任的前提是政权有诚信。这也就是治者要依道为政。

论孔子

12.8

棘子成曰:"君子质而已矣,何以文为?"子贡曰:"惜乎,夫子之说君子也!驷不及舌。文犹质也,质犹文也。虎豹之鞹犹犬羊之鞹。"

译 文

棘子成说:"君子只要质朴就行了,要那些文采干什么?"子贡说:"可惜啊,先生这样谈论君子!一言既出,驷马难追。文采犹如质朴,质朴犹如文采。两者都很重要。如果不讲文采的话,那么虎豹的皮就犹如犬羊的皮了。"

解 析

一、棘子成。他反对文采,只是强调质朴。

二、子贡。他虽然认为文采犹如质朴,但实际上认为文采比质朴更加重要。不是质朴,而是文采才是事物的区分点。

三、文质。文与质应是有机的整体。质是文的基础,文是质的显现。两者不可偏废。

12.9

哀公问于有若曰:"年饥,用不足,如之何?"

有若对曰:"盍彻乎?"

曰:"二,吾犹不足,如之何其彻也?"

对曰:"百姓足,君孰与不足?百姓不足,君孰与足?"

译　文

哀公问有若：“年岁饥荒，国用不足，怎么办？”

有若答道：“为何不实行百分之十的彻税？”

哀公说：“收百分之二十的税，我犹不足，怎么可能只收百分之十的彻税？”

有若答道：“如果百姓足的话，那么您怎么可能不足？如果百姓不足的话，那么您怎么可能足？”

解　析

这意在强调百姓是国家的基础。

12.10

子张问崇德辨惑。子曰：“主忠信，徙义，崇德也。爱之欲其生，恶之欲其死。既欲其生，又欲其死，是惑也。‘诚不以富，亦祗以异。’”

译　文

子张问如何崇德辨惑。孔子说：“主张忠信，唯义是从，这就是崇德。爱之欲其生，恶之欲其死。既欲其生，又欲其死，这就是迷惑。‘这实在于己无益，只会让人奇怪。’”

解　析

一、崇德。此无非为仁。忠信和义都是广义的仁，也是德。如此为仁，也就是崇德。

二、辨惑。此无非有智。爱恶是人情，生死是命运。人情改变不了命运。但人情试图改变命运，这本身就是迷惑了。不仅如此，而且人情既欲其生，又欲其死，这就是迷惑又迷惑了。区分人情与命运，就是辨惑。不因己欲而爱恶，就是无惑。

12.11

齐景公问政于孔子。孔子对曰："君君，臣臣，父父，子子。"公曰："善哉！信如君不君、臣不臣、父不父、子不子，虽有粟，吾得而食诸？"

译　文

齐景公向孔子问如何为政。孔子答道："君是君，臣是臣，父是父，子是子。"齐景公说："好啊！假如君不君、臣不臣、父不父、子不子，即使有粮食，我能吃得着吗？"

解　析

一、君臣父子。君臣是国家的主要成分，父子是家庭的主要成分。君臣之间是上下关系，父子之间也是上下关系。

二、君君等。君是君，臣是臣，父是父，子是子。这意味着国与家的每一分子各安其位，各尽其职。君要明，臣要忠，父要慈，子要孝。这就是守礼，也就是遵道。

三、君不君等。君不君，臣不臣，父不父，子不子。这意味着国与家的每一分子不各安其位，不各尽其职。君不明，臣不忠，父不慈，子不孝。这违背了礼，违反了道。如果这样的话，那么就会国不安、家不宁。

12.12

子曰："片言可以折狱者，其由也与？"
子路无宿诺。

译　文

孔子说："依据一面之辞就可以判案的，大概只有仲由了？"
子路没有拖延过夜的诺言。

解　析

这表明子路诚信和急行。

12.13

子曰："听讼，吾犹人也。必也使无讼乎！"

译　文

孔子说："听理诉讼，我如同他人。一定要使无诉讼！"

解　析

一、听讼。人听讼时，案件已经发生。对于案件要秉公而断。这是法。

二、无讼。关键不是审理案件，而是努力不让发生案件。这需礼。

论孔子

12.14

子张问政。子曰:"居之无倦,行之以忠。"

译 文

子张问如何为政。孔子说:"居位无倦劳,行令要忠诚。"

解 析

一、居。此是居其位。居位无倦劳,要勤敏。

二、行。此是行其令。行令要忠诚,不欺瞒。

12.15

子曰:"博学于文,约之以礼,亦可以弗畔矣夫!"

译 文

孔子说:"君子广博地学习文献,并用礼节来约束,这样就可以不叛道了!"

解 析

一、文。博学于文容易漫无边际。

二、礼。它给文献的学习制订了一个边界。

三、弗畔。人不越过边界,也就不会反叛大道了。

12.16

子曰："君子成人之美，不成人之恶。小人反是。"

译 文

孔子说："君子成人之美，不成人之恶。小人相反。"

解 析

一、君子。他有道爱人，故成人之美，不成人之恶。

二、小人。他有欲怨人，故成人之恶，不成人之美。

12.17

季康子问政于孔子。孔子对曰："政者，正也。子帅以正，孰敢不正？"

译 文

季康子向孔子问如何为政。孔子答道："为政就是端正。你自己带头端正，谁敢不端正？"

解 析

一、正。为政就是端正。端正是行走正道。

二、帅。己正方能正人。人只有修身，才能齐家、治国、平天下。

论孔子

12.18

季康子患盗，问于孔子。孔子对曰："苟子之不欲，虽赏之不窃。"

译 文

季康子忧患盗贼，向孔子求问。孔子答道："假如你不贪欲的话，那么虽奖赏他人，但他人也不会行窃。"

解 析

一、盗。人有贪欲，自己无法实现，便盗窃他人财物。

二、欲。盗窃源于贪欲。治者自己有贪欲，就会激发民众的贪欲，导致盗窃。如果治者无贪欲的话，那么这也会引导民众无贪欲，没有盗窃。

12.19

季康子问政于孔子曰："如杀无道，以就有道，何如？"孔子对曰："子为政，焉用杀？子欲善而民善矣。君子之德风，小人之德草。草上之风必偃。"

译 文

季康子向孔子问如何为政，说："如果杀掉无道之人来成全有道之人的话，那么这会怎么样？"孔子答道："你为政，为何用杀？你欲善而民也欲善。君子之德如风，小人之德如草。草必随草上的风倒。"

解 析

一、杀人。此乃为政以刑。

二、欲善。此乃为政以德。

三、风草。君子之德规定了小人之德，正如风与草的关系。

12.20

子张问："士何如斯可谓之达矣？"子曰："何哉，尔所谓达者？"子张对曰："在邦必闻，在家必闻。"子曰："是闻也，非达也。夫达也者，质直而好义，察言而观色，虑以下人。在邦必达，在家必达。夫闻也者，色取仁而行违，居之不疑。在邦必闻，在家必闻。"

译 文

子张问："士何如才可谓之为达？"孔子说："何谓你所谓的达？"子张答道："在邦必闻，在家必闻。"孔子说："这是闻，而非达。所谓达就是，品质正直而喜好正义，细察言语而观望面色，思虑让人。这种人在邦必通达，在家必通达。所谓闻就是，表面取仁而行动违反，以仁自居而不疑。这种人在邦必名闻，在家必名闻。"

解 析

一、达。达者诚实。首先忠信，其次好义，再次让人。其真具仁德。

二、闻。闻者虚伪。其表里不一，且以假为真。

论孔子

12.21

樊迟从游于舞雩之下，曰："敢问崇德，修慝，辨惑。"子曰："善哉问！先事后得，非崇德与？攻其恶，无攻人之恶，非修慝与？一朝之忿，忘其身，以及其亲，非惑与？"

译　文

樊迟随从孔子游于舞雩台下，问道："敢问如何崇德，修慝，辨惑。"孔子说："问得好！先做事后获得，这不是崇德吗？攻击自己的缺点，而不攻击别人的缺点，这不是修慝吗？由于一时的愤怒，人忘记自身，甚至忘记了双亲，这不是迷惑吗？"

解　析

一、崇德。此是提高道德。这要求先劳后获、先义后利、先道后欲。

二、修慝。此是修除恶念。这要求严于律己、宽以待人。人要看到自己的缺点，而不是他人的缺点。

三、辨惑。此是辩明迷惑。这要求惩忿制怒、防微杜渐。人要与自己的愤怒情绪相区分，不要被情绪所左右。

12.22

樊迟问仁。子曰："爱人。"问知。子曰："知人。"

樊迟未达。子曰："举直错诸枉，能使枉者直。"

樊迟退，见子夏曰："乡也吾见于夫子而问知，子曰：'举直错诸枉，能使枉者直’，何谓也？”

子夏曰："富哉言乎！舜有天下，选于众，举皋陶，不仁者远矣。汤有天下，选于众，举伊尹，不仁者远矣。"

译　文

樊迟问如何是仁。孔子说："爱人。"樊迟问如何是智。孔子说："知人。"

樊迟未理解。孔子说："把正直的人置于不正直的人之上，能使不正直的人变得正直。"

樊迟出来，见到子夏说："刚才我去见夫子问智，夫子说：‘把正直的人置于不正直的人之上，能使不正直的人变得正直。’这是什么意思？"

子夏说："这话多么丰富啊！舜有天下，选才于众，举荐了皋陶，那些不仁的人便远离了。汤有天下，选才于众，举荐了伊尹，那些不仁的人便远离了。"

解　析

一、仁。仁者爱人。人虽不是爱的全部，但是其核心。

二、知。智者知人。人虽不是智的全部，但是其核心。

三、直、枉。把正直的人置于不正直的人之上，区分了好人和坏人，这是知人，是智慧；能使不正直的人变得正直，导致了坏人变成好人，这是爱人，是仁爱。这两者达到了仁与智的统一。爱人即知人，知人即爱人。

12.23

子贡问友。子曰："忠告而善道之，不可则止，毋自辱焉。"

论孔子

译 文

子贡问如何待友。孔子说:"忠告而善导他,不可则止,毋自取其辱。"

解 析

这强调待友要把握一个度。

12.24

曾子曰:"君子以文会友,以友辅仁。"

译 文

曾子说:"君子以文会友,以友辅仁。"

解 析

一、文。此为道之文,或礼乐,或文章。

二、友。此为道之友。

三、仁。此是道的实现。

子路篇第十三

（共三十章）

13.1

子路问政。子曰："先之劳之。"请益。曰："无倦。"

译 文

子路问如何为政。孔子说："让自己先行，让民众勤劳。"子路请求多讲。孔子说："不要倦劳。"

解 析

一、先、劳。为政者先于民众而行。

二、无倦。此谓持之以恒。

13.2

仲弓为季氏宰，问政。子曰："先有司，赦小过，举贤才。"

曰："焉知贤才而举之？"子曰："举尔所知；尔所不知，人其舍诸？"

译　文

仲弓做了季氏的总管，问如何为政。孔子说："先重官员，赦免小过，举荐贤才。"

仲弓说："怎样知道贤才而举荐他？"孔子说："举荐你所知道的；你所不知道的，他人难道会舍弃吗？"

解　析

一、先有司。如先有司，则臣行君令。

二、赦小过。如赦小过，则显人大功。

三、举贤才。如举贤才，则人当其位。人不仅举其亲，而且举其不亲。

13.3

子路曰："卫君待子而为政，子将奚先？"

子曰："必也正名乎！"

子路曰："有是哉，子之迂也！奚其正？"

子曰："野哉，由也！君子于其所不知，盖阙如也。名不正，则言不顺；言不顺，则事不成；事不成，则礼乐不兴；礼乐不兴，则刑罚不中；刑罚不中，则民无所措手足。故君子名之必可言也，言之必可行也。君子于其言，无所苟而已矣。"

译　文

子路说："卫君等待你去为政治国，你将首先做什么？"

孔子说："那一定是正名吧！"

子路说："真有这种事情，你太迂腐了！为何去正名？"

孔子说："真粗野啊，仲由！君子对于其所不知的，大概要采取保留态度。名不正，则言不顺；言不顺，则事不成；事不成，则礼乐不兴；礼乐不兴，则刑罚不中；刑罚不中，则民无所措手足。因此君子名之必可言，言之必可行。君子对于他的言说，从无苟且之处。"

解　析

一、名。名字是事物的名字。名字不是可有可无的，也不是随随便便的。名字是事物的规定性，一个事物是这个名字所规定的事物。因此，命名就是去规定，让事物之名符合事物之实。人依此规定去言说、思考和行动。正名是修正事物之名，使不符合事物之名变成符合事物之名。这也就是让事物符合礼所规定的名。

二、言。人根据事物之名去言说。

三、事。人根据事物之名去完成事物。

四、礼乐。事物之序为礼，事物之和为乐。礼的根本是规定和区分事物之名。

五、刑罚。人破坏事物之序与和，因此需要相应的惩处。

六、民。礼乐是游戏规则，刑罚是保障这个游戏规则的贯彻。人民正是依此游戏规则而活动。

七、君子。名与实要相符，言与行要一致。因此，君子慎言。

13.4

樊迟请学稼。子曰："吾不如老农。"请学为圃。曰："吾不如老圃。"

樊迟出，子曰："小人哉，樊须也！上好礼，则民莫敢不敬；上好义，则民莫敢不服；上好信，则民莫敢不用情。夫如是，则四方之民襁负其子而至矣，焉用稼？"

译 文

樊迟请学种庄稼。孔子说："我不如老农民。"樊迟请学种蔬菜。孔子说："我不如老菜农。"

樊迟出去了，孔子说："小人啊，樊须！统治者好礼，人民就莫敢不敬；统治者好义，人民就莫敢不服；统治者好信，人民就莫敢不讲真情。如果是这样的话，那么四方的人民就会背负其子而来，统治者为何要种庄稼？"

解 析

一、樊迟。其所问稼、圃，为谋生的技艺。此乃小人之事。

二、孔子。其所教为君子之学，即礼乐之道。君子倡导礼乐，人民就会臣服。

13.5

子曰："诵诗三百，授之以政，不达；使于四方，不能专对；虽多，亦奚以为？"

译 文

孔子说："人诵读《诗经》三百首，但授他为政却不通达；派他出使四方却不能独立应对；虽然人读《诗经》很多，但这有何用处？"

解 析

一、《诗经》。它并非一般的文学作品，而是人的教科书。它教人如何言说、思考和生活。

二、诵诗。这便能使人知人物，观天下，能言能行。作为治者，自然能为政、出使。

13.6

子曰："其身正，不令而行；其身不正，虽令不从。"

译 文

孔子说："统治者自身端正，不命令，人民也会行动；他自身不端正，虽命令，但人民也不听从。"

解 析

这意在强调治者自身是否端正的重要性。

13.7

子曰："鲁卫之政，兄弟也。"

译 文

孔子说："鲁国和卫国的政治，如同兄弟一样。"

论孔子

这记述了孔子对于鲁卫政治的评价。

13.8

子谓卫公子荆："善居室。始有，曰：'苟合矣。'少有，曰：'苟完矣。'富有，曰：'苟美矣。'"

译　文

孔子评论卫公子荆："他善于居家治理。开始有点，便说：'大致足够了。'少许有多，便说：'大致完备了。'达到富有，便说：'大致完美了。'"

解　析

一、有。此是拥有财富。始有、少有、富有是拥有财富从少到多的三个阶段。

二、苟。此是粗略大致。苟合、苟完、苟美是对于财富始有、少有、富有三个阶段的评价。由此可以看出人知足少欲。

13.9

子适卫，冉有仆。子曰："庶矣哉！"

冉有曰："既庶矣，又何加焉？"曰："富之。"

曰："既富矣，又何加焉？"曰："教之。"

译　文

孔子到卫国，冉有驾车。孔子说："人口丰庶啊！"

冉有说："人口已经丰庶了，又怎么办呢？"孔子说："富足他们。"

冉有说："已经富足了，又怎么办呢？"孔子说："教育他们。"

解　析

一、庶。此是种族繁衍。

二、富。此是生活富足。

三、教。此是礼乐教化。

13.10

子曰："苟有用我者，期月而已可也，三年有成。"

译　文

孔子说"如果有用我的人的话，那么我为政一年就可以了，三年就会有成就。"

解　析

一、期月。为政一年即可，但不足。

二、三年。为政三年则可完成天下大业。

三、孔子。他对于自己从政充满信心，但也对无人用己发出感叹。

论孔子

13.11

子曰:"'善人为邦百年,亦可以胜残去杀矣。'诚哉是言也!"

译 文

孔子说:"'善人治理国家一百年,也可以战胜残暴除去杀戮了。'此言实在是真理!"

解 析

一、善人。他非恶人,亦非圣人。

二、百年。此谓一长期相续的时间。

三、胜残去杀。这除掉各种恶行,但尚未达到大道。

13.12

子曰:"如有王者,必世而后仁。"

译 文

孔子说:"如国有王者兴起的话,那么这也必经历三十年后才能实现仁。"

解 析

一、王者。他既非霸者,也非善人,而是圣王。他内圣而外王。

二、世。此是三十年,一相对漫长的时间。

三、仁。不仅王者有仁政,而且人民有仁行。天下大道流行。

13.13

子曰:"苟正其身矣,于从政乎何有? 不能正其身,如正人何?"

译 文

孔子说:"如果人端正了自身的话,那么这对于从政有何困难? 如果不能端正自身的话,那么这如何端正他人?"

解 析

一、正身。人使自身合于道。

二、从政。人使国家合于道。

三、正身与从政。正身决定了从政。

13.14

冉子退朝。子曰:"何晏也?"对曰:"有政。"子曰:"其事也。如有政,虽不吾以,吾其与闻之。"

译 文

冉有从朝廷回来。孔子说:"为何如此晚?"冉有答道:"有政务。"孔子说:"那只是事务。假如有政务,虽然不用我,但我也是会知道的。"

解 析

一、政。此是政治性事务,关涉国家。

论孔子

二、事。此是一般性事务，不关涉国家。

13.15

定公问："一言而可以兴邦，有诸？"

孔子对曰："言不可以若是其几也。人之言曰：'为君难，为臣不易。'如知为君之难也，不几乎一言而兴邦乎？"

曰："一言而丧邦，有诸？"

孔子对曰："言不可以若是其几也。人之言曰：'予无乐乎为君，唯其言而莫予违也。'如其善而莫之违也，不亦善乎？如不善而莫之违也，不几乎一言而丧邦乎？"

译 文

定公问："一句话就可以振兴国家，有这种事吗？"

孔子答道："话不可以如此机械。人们都说：'为君难，为臣不易。'如果人们知道为君困难的话，那么这不几乎是一句话就可以振兴国家吗？"

定公问："一句话就可以丧失国家，有这种事吗？"

孔子答道："话不可以如此机械。人们都说：'我作为国君没有什么其他快乐，只是无人敢违反我的话。'如果他的话善而无人敢违反，这不是很好吗？如果他的话不善而无人敢违反，这不几乎是一句话就可以丧失国家吗？"

解 析

一、定公。他所问是要确证"一言是否兴邦"和"一言是否丧邦"的正确性。这句话本身将语言和国家的关系做了一个简单的理解。

二、孔子。他所答对于一言兴邦和一言丧邦的"一言"进行了区分。这就是说，它不是一般的一言，而是特别的一言。关于兴邦的一言是说：为君难，为臣不易。这句话是说，兴邦很难，并非易事。知道兴邦艰难则可以兴邦。关于丧邦的一言是说：无人敢违君言。这句话是说，君言可区分为善言和不善言。善言不可违，但不善言不可从。如果君言不加区分的话，那么这就会丧邦。简而言之，人要区分一言是什么。

13.16

叶公问政。子曰："近者说，远者来。"

译 文

叶公问如何为政。孔子说："近处的人快乐，远处的人归来。"

解 析

一、近者说。为何近者快乐？为政以仁，近处的人得其恩惠，故快乐。

二、远者来。为何远者归来？为政以仁，远处的人被其感召，故归来。

13.17

子夏为莒父宰，问政。子曰："无欲速，无见小利。欲速，则不达；见小利，则大事不成。"

论孔子

译 文

子夏做了莒父的长官，问如何为政。孔子说："不要图快，不要顾小利。图快，反而达不到目的；顾小利，就会办不成大事。"

解 析

一、无欲速。此即欲慢，遵循事物自身运行的道路而行走，最终达到目的。欲速是根据自身的欲望而行事，最后反而达不到目的。

二、无见小利。此即见大利，大利是事物的整体利益，亦即道义。见小利则只是看到了事务的局部利益，遗忘了道义，从而阻碍了事务整体的完成。

13.18

叶公语孔子曰："吾党有直躬者，其父攘羊，而子证之。"孔子曰："吾党之直者异于是：父为子隐，子为父隐。——直在其中矣。"

译 文

叶公对孔子说："我那里有正直的人，父亲偷羊，其子揭发。"孔子说："我那里正直的人与你们不同：父为子隐，子为父隐。——正直就在其中了。"

解 析

一、证。此是将一个可能隐蔽的罪行揭发。
二、隐。此是将一个可能揭发的罪行隐蔽。

三、直。此是人按照事物本来的道路行走，亦即按事实去言去行。

四、父子相证。这符合法律的正义原则，但悖于父子的血亲伦理。

五、父子相隐。这违反法律的正义原则，但符合父子的血亲伦理。

六、孔子。孔子反对父子相证，而主张父子相隐。这在于父子相隐合乎孝道，是正直的。

现代法律的亲属容隐制度与孔子的父子相隐有别：前者认为父子相隐是一种权利，而后者认为父子相隐是一种义务。

13.19

樊迟问仁。子曰："居处恭，执事敬，与人忠。虽之夷狄，不可弃也。"

译 文

樊迟问如何为仁。孔子说："起居恭顺，办事认真，对人忠诚。虽然到了野蛮的国外，这也不可放弃。"

解 析

一、居处恭。此是对己。

二、执事敬。此是对事。

三、与人忠。此是对人。

四、为仁。这包括了对己、对事和对人三个方面。所说的恭、敬和忠的关键是诚实。无论在华夏还是在夷狄，人都要为仁如一。

论孔子

13.20

子贡问曰:"何如斯可谓之士矣?"子曰:"行己有耻,使于四方,不辱君命,可谓士矣。"

曰:"敢问其次。"曰:"宗族称孝焉,乡党称弟焉。"

曰:"敢问其次。"曰:"言必信,行必果,硁硁然小人哉!抑亦可以为次矣。"

曰:"今之从政者何如?"子曰:"噫!斗筲之人,何足算也?"

译 文

子贡问道:"怎样才可以叫作士?"孔子说:"自己行为有耻,出使国外,不辱君命,这可谓士。"

子贡说:"请问次一等。"孔子说:"宗族称他孝敬,乡里称他尊长。"

子贡说:"请问再次一等。"孔子说:"言必信,行必果,如同石头一样,

佚名《子路问津》

这是平常之人！这也可以说是再次一等的士了。"

子贡说："当今的从政者怎么样？"孔子说："嗨！这帮器量狭小之人，算得了什么？"

解　析

一、士。他在此有两种规定。其一，他对己严格自律；其二，他对外能完成国君授予的使命，维护国家的利益。这里特别强调了士的耻辱意识，亦即欲与道的边界意识。此种士是国之士。

二、其次。其次的士入则孝，出则悌。此种士是家之士。

三、再次。再次的士言必信，行必果。此种士是己之士。

四、今人。现在为政者器量狭小，不是士。他们之所以器量狭小，是因为他们唯有个人欲望，而没有家国道义。

13.21

子曰："不得中行而与之，必也狂狷乎？狂者进取，狷者有所不为也。"

译　文

孔子说："不得与中行者交往，那一定与狂者和洁者往来吧？狂者进取，洁者有所不为。"

解　析

一、中行。中行者中庸，行走中道，恪守事物的边界。他是正确的行走者。

二、狂。狂者向前，超过事物的边界。

三、狷。狷者后退，不及事物的边界。

论孔子

13.22

子曰:"南人有言曰:'人而无恒,不可以作巫医。'善夫。""不恒其德,或承之羞。"子曰:"不占而已矣。"

译 文

孔子说:"南方人有句话说:'人若无恒心,不可以作巫医。'这说得好啊。""其德不恒的,便会蒙羞。"孔子说:"这种人不必去占卦了。"

解 析

一、恒。此为专注而持久。

二、巫医。巫通人神,医治生死。巫医均需有恒,亦即专注而持久,方有所作为。

三、不恒。人若不专注而持久,定会失败而蒙受羞辱。

13.23

子曰:"君子和而不同,小人同而不和。"

译 文

孔子说:"君子和谐而不相同,小人相同而不和谐。"

解 析

一、和。此是和谐。和谐者本有差异,但因道义而聚集。故为君子。

二、同。此是相同。相同者否定差异,只因私欲而附和。故为小人。

13.24

子贡问曰:"乡人皆好之,何如?"子曰:"未可也。"

"乡人皆恶之,何如?"子曰:"未可也。不如乡人之善者好之,其不善者恶之。"

译 文

子贡问道:"全乡人都喜好他,怎么样?"孔子说:"不行。"

子贡问道:"全乡人都厌恶他,怎么样?"孔子说:"不行。不如乡人中的善者喜好他,其不善者厌恶他。"

解 析

一、好恶。善者好之,恶者恶之。

二、乡人。全乡人都爱一个人,或者恨一个人。这看起来大家爱恨一致,被爱者值得爱,被恨者值得恨。

三、善恶。对于乡人要进行区分:善者和不善者。如果善者恨之,而不善者爱之的话,那么这人必是不善者;如果善者爱之,而不善者恨之的话,那么这人必是善者。

13.25

子曰:"君子易事而难说也。说之不以道,不说也;及其使人也,器之。小人难事而易说也。说之虽不以道,说也;及其使人也,求备焉。"

论孔子

译 文

孔子说："人在君子手下容易做事而难以取悦。不以正道去取悦他，他不会喜悦；等他使用人的时候，他会量器分类。人在小人手下难以做事而容易取悦。虽然不以正道去取悦他，但他会喜悦；等他使用人时候，他会求全责备。"

解 析

一、君子。他为道，待人公正而宽容。
二、小人。他为欲，待人自私而刻薄。

13.26

子曰："君子泰而不骄，小人骄而不泰。"

译 文

孔子说："君子安泰而不骄人，小人骄人而不安泰。"

解 析

一、君子。他为道，故安泰而不骄人。
二、小人。他为欲，故骄人而不安泰。

13.27

子曰："刚、毅、木、讷近仁。"

译　文

孔子说："刚强、果毅、质朴、寡言接近于仁。"

解　析

一、刚。此是刚强。

二、毅。此是坚毅。

三、木。此是质朴。

四、讷。此是谨言。

五、仁。刚毅坚守道义，木讷保持诚实，无欲而有道，故接近为仁。

13.28

子路问曰："何如斯可谓之士矣？"子曰："切切偲偲，怡怡如也，可谓士矣。朋友切切偲偲，兄弟怡怡。"

译　文

子路问道："怎么样才可叫作士？"孔子说："相互批评且和睦，这可叫作士。朋友之间要批评，兄弟之间要和睦。"

解　析

一、朋友。他们是志同道合者。

二、兄弟。他们是骨肉相亲者。

三、士。他们是被道所规定的，既要相互批评，也要相互团结。

13.29

子曰："善人教民七年，亦可以即戎矣。"

译　文

孔子说："善人教导人民七年，也可以叫他们作战了。"

解　析

一、教。此是教化，也就是礼乐文化。

二、戎。此是作战，也就是保家卫国。

13.30

子曰："以不教民战，是谓弃之。"

译　文

孔子说："不训练人民而让他们去作战，这是抛弃他们。"

解　析

这意在强调人民军事训练的重要性。

宪问篇第十四

（共四十四章）

14.1

宪问耻。子曰："邦有道，谷；邦无道，谷，耻也。"

"克、伐、怨、欲不行焉，可以为仁矣？"子曰："可以为难矣，仁则吾不知也。"

译 文

原宪问什么是羞耻。孔子说："国家有道，当官领薪；国家无道，当官领薪，这就是羞耻。"

"人没有了好胜、自夸、怨恨、贪欲，这可以叫作仁吗？"孔子说："这可以说难能可贵了，若说这是仁，那我就不知道了。"

解 析

一、耻。此是越过了边界。最大的边界是道与欲之别。天下有道则显，天下无道则隐。否则，人就越过了边界。故为耻。

二、仁。此是道的实现。克、伐、怨、欲只是消除了私欲，而没有体现大道。故尚不是仁。

14.2

子曰："士而怀居，不足以为士矣。"

译　文

孔子说："一个士怀恋安居，他就不足以为士了。"

解　析

一、士。他是追求大道的人。

二、怀居。此是对于欲望满足的追求。

14.3

子曰："邦有道，危言危行；邦无道，危行言孙。"

译　文

孔子说："国家有道，正直言说，正直行动；国家无道，正直行动，谦逊言说。"

解　析

一、有道。国家有道，依道而行，且依道而言。

二、无道。国家无道，依道而行，但隐道而言。

三、差异。国家有道和无道时，人的言语有根本的差异。有道时人言显，无道时人言隐。这可见言说关系人的生死存亡。

论孔子

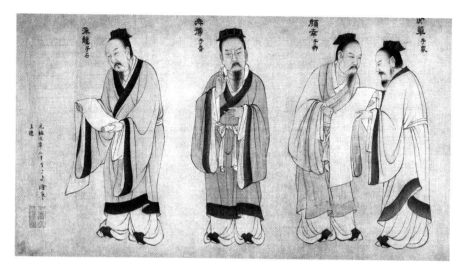

唐·阎立本(传)《孔子弟子像》(局部)

14.4

子曰:"有德者必有言,有言者不必有德。仁者必有勇,勇者不必
有仁。"

译 文

孔子说:"有德者必有好言,但有言者不必有德。仁者必有勇,但勇
者不必有仁。"

解 析

一、有德者。他是有道者,德既显示于行,也显示于口。故他必有
美言。

二、有言者。他能言,或能行而有信,或不行而无信。故他或有德,
或无德。

三、仁者。他心怀大道，故他必见义勇为。

四、勇者。他勇敢，或出于道义，或出于气血。故他或有仁，或无仁。

14.5

南宫适问于孔子曰："羿善射，奡荡舟，俱不得其死然。禹、稷躬稼而有天下。"夫子不答。

南宫适出，子曰："君子哉若人！尚德哉若人！"

译 文

南宫适向孔子问道："羿善于射箭，奡善于水战，但都不得好死。禹、稷亲自种田但拥有天下。"孔子没有回答。

南宫适出去后，孔子说："这个人真是君子！这个人真是尚德！"

解 析

一、羿、奡。此为有力者，但难保性命。

二、禹、稷。此为有德者，但拥有天下。

三、君子。他尚德不尚力。

14.6

子曰："君子而不仁者有矣夫，未有小人而仁者也。"

论孔子

译　文

孔子说："君子之中会有不仁者，但小人之中却未有仁者。"

解　析

一、君子。他追求仁，但偶尔也会忽视仁。

二、小人。他追求不仁，但也不会偶尔想到仁。

14.7

子曰："爱之，能勿劳乎？忠焉，能勿诲乎？"

译　文

孔子说："爱护他，能不劝勉吗？忠于他，能不教诲吗？"

解　析

一、爱。此需要区分：一种是爱无劝勉，此为小爱；另一种是爱而劝勉，此为大爱。

二、忠。此需要区分：一种是忠无教诲，此为小忠；另一种是忠而教诲，此为大忠。

14.8

子曰："为命，裨谌草创之，世叔讨论之，行人子羽修饰之，东里子产润色之。"

译 文

孔子说:"撰写命令,裨谌草创它,世叔讨论它,行人子羽修饰它,东里子产润色它。"

解 析

一、草创。此为勾勒思路和大纲。

二、讨论。此为商量和探究。

三、修饰。此为增减文字。

四、润色。此为赋予文采。

这描述了撰写命令文本的过程,其中,不同的作者分工合作,各尽其长。但这也可以看作是一个文本写作的步骤。

14.9

或问子产。子曰:"惠人也。"

问子西。曰:"彼哉!彼哉!"

问管仲。曰:"人也。夺伯氏骈邑三百,饭疏食,没齿无怨言。"

译 文

有人问子产如何。孔子说:"他是施行恩惠的人。"

有人问子西如何。孔子说:"他呀! 他呀!"

有人问管仲如何。孔子说:"他是个人物。他剥夺了伯氏三百里的采邑,伯氏吃粗粮,到死无怨言。"

论孔子

解 析

一、子产。此人为有德之人。

二、子西。此人不予评价，亦不足评价。

三、管仲。此人为有才之人。

这是孔子对于三个人的不同的评价。

14.10

子曰："贫而无怨难，富而无骄易。"

译 文

孔子说："贫穷而无怨恨难，富贵而无骄傲易。"

解 析

一、贫。人贫穷，易于怨恨他人。故无怨难。

二、富。人富贵，不必一定骄傲。故无骄易。

14.11

子曰："孟公绰为赵、魏老则优，不可以为滕、薛大夫。"

译 文

孔子说："孟公绰若为赵、魏的家臣则力有优裕，但不可以为滕、薛的大夫。"

解　析

这表达了孔子对于人物的判断。

14.12

子路问成人。子曰："若臧武仲之知，公绰之不欲，卞庄子之勇，冉求之艺，文之以礼乐，亦可以为成人矣。"曰："今之成人者何必然？见利思义，见危授命，久要不忘平生之言，亦可以为成人矣。"

译　文

子路问什么是全人。孔子说："人若有臧武仲的智慧，公绰的不欲，卞庄子的勇敢，冉求的才艺，再以礼乐来文饰，也就可以成为全人了。"孔子又说："当今的全人何必如此？见利思义，见危授命，长久处于贫困而不忘平生之言，也可以称为全人了。"

解　析

一、成人。他是一完成之人，亦即全人。

二、智、不欲、勇、艺、礼乐。成人包括了四个方面的品性：智以知物，不欲以明德，勇以敢为，艺以有能。此外，成人为礼乐所修饰。但成人的德性仍以三达德为主：仁、智、勇。

三、今之成人。他不必德性完全，而是要把握关键。这也就是说能制欲为道。

论孔子

14.13

子问公叔文子于公明贾曰："信乎，夫子不言，不笑，不取乎？"

公明贾对曰："以告者过也，夫子时然后言，人不厌其言；乐然后笑，人不厌其笑；义然后取，人不厌其取。"

子曰："其然？岂其然乎？"

译　文

孔子向公明贾问公叔文子，说："他不言，不笑，不取，这可信吗？"

公明贾答道："告此的人说错了，他老人家适时然后言，人不厌其言；快乐然后笑，人不厌其笑；合义然后取，人不厌其取。"

孔子说："真是这样吗？难道真是这样吗？"

解　析

一、言。文子并非不言，而是不该言时不言，该言时言。

二、笑。文子并非不笑，而是不该笑时不笑，该笑时笑。

三、取。文子并非不取，而是不该取时不取，该取时取。

14.14

子曰："臧武仲以防求为后于鲁，虽曰不要君，吾不信也。"

译　文

孔子说："臧武仲凭借其防地要求在鲁国为其后人谋取位置，虽说不是要挟国君，但我不相信。"

解　析

这表达了孔子对于人事的看法。

14.15

子曰："晋文公谲而不正，齐桓公正而不谲。"

译　文

孔子说："晋文公诡谲而不正直，齐桓公正直而不诡谲。"

解　析

这是孔子对于晋文公和齐桓公的评价。

14.16

子路曰："桓公杀公子纠，召忽死之，管仲不死。"曰："未仁乎？"子曰："桓公九合诸侯，不以兵车，管仲之力也。如其仁，如其仁。"

译　文

子路说："桓公杀了其兄公子纠，召忽自杀，但管仲却不死。"他又说："这不仁吧？"孔子说："桓公多次统合诸侯，但不以战争，这是靠管仲的力量。这是管仲的仁，这是管仲的仁。"

论孔子

解 析

一、不死。不为君死，是不忠。

二、不以兵车。不以战争杀人，是仁。

14.17

子贡曰："管仲非仁者与？桓公杀公子纠，不能死，又相之。"子曰："管仲相桓公，霸诸侯，一匡天下，民到于今受其赐。微管仲，吾其被发左衽矣。岂若匹夫匹妇之为谅也，自经于沟渎而莫之知也？"

译 文

子贡说："管仲并非一个仁者吧？桓公杀公子纠，他不仅没能为公子纠以死相殉，反而又辅相桓公。"孔子说："管仲辅相桓公，称霸诸侯，一匡天下，人民到于今受到其恩赐。假若没有管仲的话，那么我们还是披着头发，穿着左开襟衣。他难道要像匹夫匹妇一样死守小信，自杀于沟渠而无人所知吗？"

解 析

一、仁。此要区分其大小。为君而死是小仁，为天下而生是大仁。

二、死。此要区分其大小。为小信而死是小死，为大义而死才是大死。

258

14.18

公叔文子之臣大夫僎与文子同升诸公。子闻之曰："可以为'文'矣。"

译 文

公叔文子的家臣大夫僎，与文子一起做了国家的大臣。孔子听后说："这可以称为'文'了。"

解 析

这表达了孔子对于事情的看法。

14.19

子言卫灵公之无道也，康子曰："夫如是，奚而不丧?"孔子曰："仲叔圉治宾客，祝鮀治宗庙，王孙贾治军旅。夫如是，奚其丧?"

译 文

孔子说卫灵公无道，康子说："既然如此，他为何不丧亡?"孔子说："仲叔圉治理宾客，祝鮀治理宗庙，王孙贾治理军旅。既然如此，他怎能丧亡?"

解 析

一、君。此处的君无道。
二、臣。此处的臣有能。

论孔子

14.20

子曰:"其言之不怍,则为之也难。"

译　文

孔子说:"那人大言不惭,他实行就很难。"

解　析

一、言。人之所以不限定自己的言说,是因为他将语言脱离了现实。

二、为。合于现实的言语能为,不合于现实的言语难为。

14.21

陈成子弑简公。孔子沐浴而朝,告于哀公曰:"陈恒弑其君,请讨之。"公曰:"告夫三子!"

孔子曰:"以吾从大夫之后,不敢不告也。君曰'告夫三子'者!"

之三子告,不可。孔子曰:"以吾从大夫之后,不敢不告也。"

译　文

陈成子弑杀了简公。孔子沐浴后朝见哀公,报告说:"陈恒弑杀了君主,请你讨伐他。"哀公说:"你去报告那三位大臣!"

孔子出来后说:"因为我当过官,所以不敢不告。但君主说:'你去报告那三位大臣!'"

孔子去报告那三位大臣,没得到许可。孔子说:"因为我当过官,所以不敢不告。"

解　析

一、沐浴。人洁自身以敬重其人其事。

二、告。孔子强调自己之所以不敢不告，是因为自己当过官，有此义务。同时他也知道自己是知其不可而为之。

14.22

子路问事君。子曰："勿欺也，而犯之。"

译　文

子路问如何事君。孔子说："不可欺骗他，但可触犯他。"

解　析

一、欺。臣子以谎言蒙蔽君王。

二、犯。臣子以真言告诚君王。

14.23

子曰："君子上达，小人下达。"

译　文

孔子说："君子上达，小人下达。"

论孔子

解 析

一、上达。君子上达于道。

二、下达。小人下达于欲。

14.24

子曰:"古之学者为己,今之学者为人。"

译 文

孔子说:"古代的学者为己,当今的学者为人。"

解 析

一、为己。学者为己为改进自己,践行大道。

二、为人。学者为人为炫耀于人,谋取私利。

14.25

蘧伯玉使人于孔子。孔子与之坐而问焉,曰:"夫子何为?"对曰:"夫子欲寡其过而未能也。"

使者出。子曰:"使乎!使乎!"

译 文

蘧伯玉使派人去见孔子。孔子给他座位,而后问道:"夫子在干什么?"使者答道:"夫子想减少过错而未能达到。"

使者出去后,孔子说:"好一位使者! 好一位使者!"

解　析

一、寡过。此为人克己。人虽克己,但自审未能,则再克己以求达到。

二、使者。他是消息的传达者。一个好的使者能很好地传达消息。

14.26

子曰:"不在其位,不谋其政。"

曾子曰:"君子思不出其位。"

译　文

孔子说:"不在那个位子上,不谋那个位子上的政事。"

曾子说:"君子思考不出离其位置。"

解　析

一、谋、思。这是人的思想的谋划、思虑。

二、位。这是现实所在的位置,如君臣、上下、大小等。

三、政。政治是现实所在位置边界的划分,也就是权力的分配。政事是关于这种边界划分的事务。

论孔子

14.27

子曰："君子耻其言之过其行。"

译　文

孔子说："君子耻于他的言语超过了其行为。"

解　析

一、耻。这是人对于自己越过边界的感觉。

二、言行。言与行的关系有三种可能。其一，是言行一致；其二，是行过于言；其三，是言过于行。言过于行是可耻的。

14.28

子曰："君子道者三，我无能焉：仁者不忧，知者不惑，勇者不惧。"子贡曰："夫子自道也。"

译　文

孔子说："君子之道有三，我没能做到：仁者不忧，智者不惑，勇者不惧。"子贡说："这正是夫子在说自己。"

解　析

一、仁者不忧。仁者博爱万物，故不忧虑自己。

二、知者不惑。智者知道真理，故不迷惑假相。

三、勇者不惧。勇者气充天地，故不惧怕困难。

四、夫子自道。仁、智、勇是君子的三达德。孔子谦卑。他虽然说自己没有三达德，但实际上有。

14.29

子贡方人。子曰："赐也，贤乎哉？夫我则不暇。"

译　文

子贡批评他人。孔子说："你就那么贤良吗？我可没有闲暇去批评他人。"

解　析

一、方人。此为人批评他人。批评者有一尺度，衡量被批评者是否合于这一尺度。

二、贤。当人自己贤良时，才有资格批评他人不贤良。否则人无此资格。

三、不暇。我没有闲暇去批评他人。这避免了我和他人是否贤良的问题。

14.30

子曰："不患人之不己知，患其不能也。"

论孔子

译 文

孔子说："不忧虑他人不知己，而忧虑自己无能。"

解 析

一、不己知。人不被他人所知，也就是不被理解和承认。这在他人。

二、不能。人自己没有能力。这在自己。

14.31

子曰："不逆诈，不亿不信，抑亦先觉者，是贤乎！"

译 文

孔子说："不预先怀疑他人欺诈，也不猜测他人不信自己，但能事先察觉，这种人是贤者！"

解 析

一、不逆诈。人不预先怀疑他人欺诈，亦即既不设定他人不诚实，也不设定他人诚实。

二、不亿不信。人不猜测他人不信自己，亦即既不设定他人不相信自己，也不设定他人相信自己。

三、先觉。人能事先察觉，亦即能根据事情本身最初的情况而作出正确的判断：这个人是否诚实和是否相信自己。

四、贤。人没有任何先见，尤其是没有任何恶意的先见，但又能预先洞察事情的真相。贤者在此既是仁者，也是智者。

14.32

微生亩谓孔子曰："丘何为是栖栖者与？无乃为佞乎？"孔子曰："非敢为佞也，疾固也。"

译　文

微生亩对孔子说："你为何如此忙碌呢？不会是为了呈现口才吧？"孔子说："我不是敢于呈现口才，而是厌恶顽固不化。"

解　析

一、栖栖。当忙碌时，人必多言多行。但为何忙碌？这会有多种答案。

二、为佞。忙碌可能原因之一：为呈现口才。

三、疾固。忙碌可能原因之二：为了消除顽固不化。

14.33

子曰："骥不称其力，称其德也。"

译　文

孔子说："称千里马为骥，不是称其力气，而是称其德性。"

解　析

一、力。马力在其负重而久远。

论孔子

二、德。马德在其温顺而听话。

14.34

或曰："以德报怨，何如？"子曰："何以报德？以直报怨，以德报德。"

译 文

有人说："以德报怨，怎么样？"孔子说："那又何以报德呢？以直报怨，以德报德。"

解 析

一、以德报怨。怨是怨恨。德既是恩德，也是德性（道的实现）。如果德作为恩德的话，那么以德报怨就是用恩德报答怨恨；如果德作为德性的话，那么以德报怨就是以大道报答怨恨。大道乃直，因此，以德报怨也可以说成是以直报怨。但在此的以德报怨的意义是用恩德报答怨恨。如果人出于私欲而不是大道来以德报怨的话，那么怨德两者皆失去其公正报答。

二、以直报怨。直是正直、公正。以直报怨是以公正报答怨恨，亦即不以私欲而以大道报答怨恨。这种报答可能是以怨报怨，也可能是以德报怨。

三、以德报德。以德报德实际上也是以直报德。这是因为以怨报德是不公正的，唯有以德报德才是公正的。

14.35

子曰："莫我知也夫！"子贡曰："何为其莫知子也？"

子曰："不怨天，不尤人；下学而上达。知我者其天乎！"

译 文

孔子说："无人知道我呀！"子贡说："为什么无人知道你呢？"

孔子说："不怨天，不尤人；下学而上达。知我者只有天罢！"

解 析

一、不怨天，不尤人。天不助而不怨天，人不合而不尤人。一切反归自身，立于自身。

二、下学而上达。人下学万物而上达天道。这亦即下学形而下，上达形而上。

三、莫我知。人之所以不知道我，是因为人们不知道我与道同在。

四、知我者天。天之所以知道我，是因为我知道天。

14.36

公伯寮愬子路于季孙。子服景伯以告，曰："夫子固有惑志于公伯寮，吾力犹能肆诸市朝。"

子曰："道之将行也与，命也。道之将废也与，命也。公伯寮其如命何！"

论孔子

译　文

公伯寮向季孙诽谤子路。子服景伯将此告诉孔子并说："季孙已经被公伯寮迷惑了，但我的力量还能将他的尸首展示街头。"

孔子说："道将要实行，是命。道将要废弃，也是命。公伯寮能把命怎么样!"

解　析

一、命。它是事物的规定性。最根本的命是天命，亦即天道。它规定了天、地、人。

二、道。它是道路。此处是人道，具体而言是礼乐之道。它的实行和废弃被命（天道）所规定。

三、人。命（天道）在根本上会保护人道的运行。这无非是说，人道将会在天下实现。人要服从命，不可反抗。

14.37

子曰："贤者辟世，其次辟地，其次辟色，其次辟言。"
子曰："作者七人矣。"

译　文

孔子说："贤者逃避人世，其次逃避地方，其次逃避脸色，其次逃避言语。"

孔子说："这样做的人有七人。"

解 析

一、辟世。人逃避人世而去隐居。

二、辟地。人逃避危邦而入安邦。

三、辟色。人逃避难看的脸色。

四、辟言。人逃避恶毒的言语。

14.38

子路宿于石门。晨门曰："奚自?"子路曰："自孔氏。"曰："是知其不可而为之者与?"

译 文

子路夜宿于石门。早晨守门人对他说："你从哪里来?"子路说："从孔家来。"守门人说："他是那个知其不可为而为之者吗?"

解 析

一、不可。人之所以不可为,是因为世无道。

二、不为。人知不可为而不为,此为消极。

三、为。人知不可为而为之,此为积极。人替天行道,虽不能为,但也合天。

论孔子

14.39

子击磬于卫，有荷蒉而过孔氏之门者，曰："有心哉，击磬乎！"既而曰："鄙哉！硁硁乎！莫己知也，斯己而已矣。深则厉，浅则揭。"

子曰："果哉！末之难矣。"

译　文

孔子在卫国击磬，有一个挑草筐的人经过孔家门口，说："有心思啊，击磬呀！"他过会又说："可鄙呀！磬声硁硁！无人知己，这就罢了。水深就穿衣而过，水浅就揭衣而过。"

孔子说："好果断！无法诘难他。"

解　析

一、击磬。人以此表达心声。

二、深浅。深厉浅揭，无非说明人要随势而为。

14.40

子张曰："《书》云：'高宗谅阴，三年不言。'何谓也？"子曰："何必高宗，古之人皆然。君薨，百官总己以听于冢宰三年。"

译　文

子张说："《书》云：'高宗守丧，三年不言。'这是什么意思？"孔子说："何必只是高宗，古人都是如此。国君逝世，新君不问政治，而百官皆听命于宰相长达三年。”

解　析

孔子强调守丧三年为古代惯例。

14.41

子曰：“上好礼，则民易使也。”

译　文

孔子说：“统治者好礼，那么人民就容易使唤。”

解　析

一、礼。治者好礼，意在以礼治国。

二、上、民。统治者喜好礼制，人民就会遵守礼制。

14.42

子路问君子。子曰：“修己以敬。”

曰：“如斯而已乎？”曰：“修己以安人。”

曰：“如斯而已乎？”曰：“修己以安百姓。修己以安百姓，尧舜其犹病诸？”

论孔子

译 文

子路问什么是君子。孔子说:"修己以敬。"

子路问:"只是如此吗?"孔子说:"修己以安人。"

子路问:"只是如此吗?"孔子说:"修己以安百姓。修己以安百姓,尧舜都无法做到呢?"

解 析

一、修己以敬。修正自己,使自己保持恭敬。此无非去人欲,行天道。

二、修己以安人。修正自己,使他人安乐。他人与自己相对。

三、修己以安百姓。修正自己,使百姓安乐。百姓是人的整体。

四、君子。他在此要处理好自己和他人的关系。其关键在于修己,然后扩充到他人。

14.43

原壤夷俟。子曰:"幼而不孙弟,长而无述焉,老而不死,是为贼。"以杖叩其胫。

译 文

原壤张腿坐地,等待孔子。孔子说:"你幼时不谦逊,长大无作为,老而不死,真是个贼人。"孔子用拐杖叩击他的小腿。

解 析

一、幼。少年应该谦逊，但此人不谦逊。

二、长。成年应有作为，但此人无作为。

三、老。老年应该寿终，但此人不死亡。

14.44

阙党童子将命，或问之曰："益者与？"子曰："吾见其居于位也，见其与先生并行也。非求益者也，欲速成者也。"

译 文

阙党的一个童子向孔子传达使命，有人问孔子道："他是求进步吗？"孔子说："我看见他坐在位置上，看见他与长辈并行。他并非是求进步的，而是想速成的。"

解 析

一、求益者。此为学道以求进步。

二、欲速成者。此为贪欲而获名利。

卫灵公篇第十五

（共四十二章）

15.1

卫灵公问陈于孔子。孔子对曰："俎豆之事，则尝闻之矣；军旅之事，未之学也。"明日遂行。

译 文

卫灵公向孔子问部队如何陈列。孔子答道："礼仪的事情，我曾听闻过；军旅的事情，我还没学过。"他第二天便离开了。

解 析

一、俎豆。此为礼仪。

二、军旅。此为战争。

三、离。孔子主张礼治，反对战争；主张仁政，反对暴政。

15.2

在陈绝粮，从者病，莫能兴。子路愠见曰："君子亦有穷乎？"子曰：

"君子固穷，小人穷斯滥矣。"

译 文

孔子在陈国断绝了粮食，随从者都生病，无人能爬起。子路生气地来见孔子："君子也有困穷吗?"孔子说："君子穷时能固守，小人穷时便滥为。"

解 析

一、君子。他从道，故能固穷而坚守。

二、小人。他从欲，故不能固穷而滥为。

15.3

子曰："赐也，女以予为多学而识之者与?"对曰："然。非与?"曰："非也，予一以贯之。"

译 文

孔子说："赐啊，你以为我是多学而记住的人吗?"子贡答道："对呀。难道不是这样吗?"孔子说："不对，我是一以贯之。"

解 析

一、多学而识之。此为事理。

二、一以贯之。此为大道。

论孔子

15.4

子曰："由！知德者鲜矣。"

译 文

孔子说："由！知道德的人鲜见了。"

解 析

一、德。它是道的实现。道在人身上的实现就是德性和德行。

二、知德。人之所以很少知道德，是因为有两种情况：一方面是德自身隐而不现，不被人知晓；另一方面是人被私欲所蔽，无法知晓德。

15.5

子曰："无为而治者其舜也与？夫何为哉？恭己正南面而已矣。"

译 文

孔子说："无为而治者大概只有舜吧？他作为了什么呢？他不过是恭己而坐朝廷而已。"

解 析

一、无为而治。此乃治者顺乎天道，而天下自治。

二、恭己正南面。恭己，正德而敬道；正南面，坐朝廷而任百官。

15.6

子张问行。子曰："言忠信，行笃敬，虽蛮貊之邦，行矣。言不忠信，行不笃敬，虽州里，行乎哉？立则见其参于前也，在舆则见其倚于衡也，夫然后行。"子张书诸绅。

译　文

子张问如何行得通。孔子说："言语忠信，行为笃敬，即使到了野蛮之地，也行得通。言语不忠信，行为不笃敬，即使在家乡之地，也能行得通吗？站立起来的时候，就看见它放在前面，在车上的时候，就看见它刻在前面的横木上，这样才行得通。"子张把这些话写在腰带上。

解　析

一、行。人在世上，如同行路。但唯有行走在大道上，人才能通达。
二、言忠信。其关键是诚实。
三、行笃敬。其关键是落实。
四、见。处处看见，处处践行。

15.7

子曰："直哉史鱼！邦有道，如矢；邦无道，如矢。君子哉蘧伯玉！邦有道，则仕；邦无道，则可卷而怀之。"

论孔子

译　文

孔子说："正直啊，史鱼！邦国有道，如箭般直；邦国无道，如箭般直。君子啊，蘧伯玉！邦国有道，则当官；邦国无道，则隐藏。"

解　析

一、直。无论邦国有道无道，人皆正直。正直之人只显不隐。

二、君子。他不仅正直，而且能顺时任运。邦国有道则显，无道则隐。

15.8

子曰："可与言而不与之言，失人；不可与言而与之言，失言。知者不失人，亦不失言。"

译　文

孔子说："可与他言而不与他言，这会错失人；不可与他言而与他言，这会错失言。智者既不错失人，也不错失言。"

解　析

一、失人。人错失了可言谈的人。

二、失言。人错作了不可言谈的言谈。

三、智者。智者懂得区分：与谁言说，作何言说。

15.9

子曰:"志士仁人,无求生以害仁,有杀身以成仁。"

译 文

孔子说:"志士仁人,不贪求生命来伤害仁德,而牺牲生命来成全仁德。"

解 析

一、志士仁人。志士为有道之士,仁人为仁爱之人。志士仁人实际为一。

二、无求生。人之所以不贪求生命来伤害仁德,是因为不以欲害道。

三、有杀身。人之所以敢于牺牲生命来成全仁德,是因为制欲成道。

15.10

子贡问为仁,子曰:"工欲善其事,必先利其器。居是邦也,事其大夫之贤者,友其士之仁者。"

译 文

子贡问如何为仁,孔子说:"工匠要做好他的事情,必先磨利他的器具。居住在一个国家,就要事奉那些大夫中的贤者,友善那些士中的仁者。"

论孔子

解 析

一、事、器。事是目的，器是器具。人要最后达到目的，就要事先精制器具。

二、为仁。此是人实现仁。仁是为仁的目的，事贤者和友仁者则是为仁的器具。

15.11

颜渊问为邦。子曰："行夏之时，乘殷之辂，服周之冕，乐则《韶》、《舞》。放郑声，远佞人。郑声淫，佞人殆。"

译 文

颜渊问如何治理邦国。孔子说："用夏朝的历法，坐殷朝的车子，戴周朝的礼帽，用舜的《韶》、《舞》奏乐。舍弃郑国的乐曲，远离假言的小人。郑国的乐曲淫荡，假言的小人危险。"

解 析

一、时。此为时间的划分。

二、辂。此为行走的工具。

三、冕。此为头戴的礼帽。

四、乐。此为礼仪的音乐。

五、郑声、佞人。郑声淫荡，佞人假言。

六、为邦。此处贵在区分：采用好的，舍弃坏的。

15.12

子曰："人无远虑，必有近忧。"

译　文

孔子说："人无远虑，必有近忧。"

解　析

一、远虑。人对于事物整体和长久的考虑。

二、近忧。人近前所遇到的忧愁的事情。

三、远、近。远者虽远，但必走近。故人一定要临近而虑远。

15.13

子曰："已矣乎！吾未见好德如好色者也。"

译　文

孔子说："罢了！我未见好德如好色的人。"

解　析

一、好德。此为好道，是人的修为。

二、好色。此为好欲，是人的本能。

论孔子

15.14

子曰:"臧文仲其窃位者与! 知柳下惠之贤而不与立也。"

译 文

孔子说:"臧文仲大概是窃位而坐的人吧! 他明知柳下惠贤良,但不给他官位。"

解 析

这是孔子对于臧文仲的评价。

15.15

子曰:"躬自厚而薄责于人,则远怨矣。"

译 文

孔子说:"厚责自己而薄责他人,这样就远离怨恨啦。"

解 析

一、躬自厚。人严于律己,故益于修身。

二、薄责于人。人宽以待人,故他人无怨。

15.16

子曰："不曰'如之何，如之何'者，吾未如之何也已矣。"

译　文

孔子说："不说'怎么办，怎么办'的人，我对他也不知道怎么办了。"

解　析

一、如之何。人谋划如何操办一件事情。唯有如此，人才能成事。

二、不曰。人不思考如何谋划并完成一件事情。这是妄为，也肯定会失败。

15.17

子曰："群居终日，言不及义，好行小慧，难矣哉！"

译　文

孔子说："大家整天在一起，谈话没有任何意义，只喜好玩小聪明，这就很难了！"

解　析

一、群居终日。此为没有差异的群体的日常生活。

二、言不及义。此为空洞无意义的言谈。

三、好行小慧。此为自以为得意的小聪明。

论孔子

唐·阎立本（传）《孔子弟子像》（局部）

15.18

子曰："君子义以为质，礼以行之，孙以出之，信以成之。君子哉！"

译 文

孔子说："君子以道义为本质，以礼制来实行它，以谦逊来说出它，以诚信来完成它。这才是君子！"

解 析

一、义以为质。义是道义，是君子立身的本质。

二、礼以行之。礼是礼制，是君子实行的原则。

三、孙以出之。孙是谦逊，是君子言谈的要求。

四、信以成之。信是诚信，是君子完成的基础。

15.19

子曰:"君子病无能焉,不病人之不己知也。"

译　文

孔子说:"君子只担忧无能,不担忧他人不知己。"

解　析

一、无能。此为自己无能为事。能否在我,故忧。

二、不己知。此为他人不知道自己。知否在人,故不忧。

15.20

子曰:"君子疾没世而名不称焉。"

译　文

孔子说:"君子嫉恨没世而名不被称。"

解　析

一、名。君子之名乃仁义、智慧之名。

二、称。此不仅是一般的称名,而且也是称赞、赞美。

论孔子

15.21

子曰:"君子求诸己,小人求诸人。"

译 文

孔子说:"君子要求自己,小人要求他人。"

解 析

一、己。君子把自己建立在自己的基础上,故求己。

二、人。小人把自己建立在他人的基础上,故求人。

15.22

子曰:"君子矜而不争,群而不党。"

译 文

孔子说:"君子庄矜而不争执,合群而不偏党。"

解 析

一、矜。君子立于正道,故庄矜;无私欲,故不争执。

二、群。君子仁爱他人,故合群;无己利,故不偏党。

15.23

子曰:"君子不以言举人,不以人废言。"

译 文

孔子说:"君子不以言举人,不以人废言。"

解 析

一、言。虽然言谈是人的言谈,但不能等同于人自身。

二、人。人自身是一个整体,包括了行为、思想和言谈等。言谈只是其中一个部分。

三、区分。要区分人和言。一个人有言也有行,故不可以忘行唯言而举人;一句话或善或恶,故不能因人恶而废善言。

15.24

子贡问曰:"有一言而可以终身行之者乎?"子曰:"其'恕'乎!己所不欲,勿施於人。"

译 文

子贡问道:"有一言而可以终身奉行的吗?"孔子说:"大概是'恕'吧!己所不欲,勿施于人。"

解　析

一、恕。宽恕既要设定自己有的方面和他人是同一的，也要设定有的方面和他人是差异的。在此基础上，让他人作为他人而存在，也让自己作为自己而存在。这是给人自由，给己自由。

二、己所不欲，勿施于人。此处把宽恕理解为"己所不欲，勿施于人"。但宽恕既要考虑自己和他人的同一性，也要考虑与他人的差异性。"己所不欲，勿施于人"只是设定自己和他人是同一的，而没有设定自己与他人是差异的。这就是说：己所不欲，也是人所不欲。在这样的意义上，这是一种最低限度的宽恕。

15.25

子曰："吾之于人也，谁毁谁誉？如有所誉者，其有所试矣。斯民也，三代之所以直道而行也。"

译　文

孔子说："我对于他人，诋毁了谁？赞誉了谁？如有所誉者，他都是经过证实过的。正是因为那个时代的人民都如此，所以夏商周三代能直道而行。"

解　析

一、谁毁谁誉。无超出事实的诋毁或赞美。

二、其有所试。谁被赞美均基于事实并被证实。

三、直道而行。是就是是，非就是非。这就是直道而行。

15.26

子曰："吾犹及史之阙文也。有马者借人乘之，今亡矣夫！"

译　文

孔子说："我还能看到古史阙失的文献。有马者借给人乘骑，当今没有了！"

解　析

一、古。古人仁爱诚信。
二、今。今人无仁爱诚信。

15.27

子曰："巧言乱德。小不忍，则乱大谋。"

译　文

孔子说："巧言扰乱德性。不容忍小的事情，则会扰乱大的谋略。"

解　析

一、巧言乱德。巧言颠倒是非，故扰乱善恶之德。
二、小、大。忍小才能成大，不忍小便会乱大。

论孔子

15.28

子曰："众恶之，必察焉；众好之，必察焉。"

译　文

孔子说："大众厌恶他，一定要考察；大众喜好他，一定要考察。"

解　析

一、众。大众厌恶或喜好某人是一应引起重视的现象。这在于它不是个别性，而是普遍性。

二、察。人要考察和探究：大众为何厌恶？为何喜好？

15.29

子曰："人能弘道，非道弘人。"

译　文

孔子说："人能弘扬道，非道弘扬人。"

解　析

一、人。他被道所规定。

二、道。它为人所显现。

三、弘。人能弘扬道，道也能弘扬人。但孔子在此无非是强调人应担当起弘扬大道的使命。

15.30

子曰："过而不改，是谓过矣。"

译 文

孔子说："有过错而不改，这就是真正的过错。"

解 析

一、过。人在世上，皆会有对，也皆会有过。

二、改。过而改之，不为过；过而不改，才为过。

15.31

子曰："吾尝终日不食，终夜不寝，以思，无益，不如学也。"

译 文

孔子说："我曾经终日不食，终夜不寝，用来思考，却毫无益处，不如去学。"

解 析

一、不食不寝。此为人忘却自身身体的存在而专注于思考。

二、思。此为将事情变得明白。当思想不反思自身，或不思考事情的时候，它便是空洞的，也就是无意义的。

三、学。此为把事情变为知道。它总是学已有的。通过如此，人将自己的无知变成有知。

15.32

子曰："君子谋道不谋食。耕也，馁在其中矣；学也，禄在其中矣。君子忧道不忧贫。"

译　文

孔子说："君子谋道不谋食。耕地，其中却会有饿馁；学习，其中也会有俸禄。君子忧道不忧贫。"

解　析

一、谋道不谋食。君子谋道，但不谋满足欲望的手段。

二、耕。作为技能，耕田虽为食欲，但食欲也有时不会满足。

三、学。学习虽为大道，但也能满足人的欲望。

四、忧道不忧贫。君子忧道，不忧欲望是否能实现。这在于有道能足欲，有技未必能足欲。

15.33

子曰："知及之，仁不能守之，虽得之，必失之。知之，仁能守之，不庄以涖之，则民不敬。知之，仁能守之，庄以涖之，动之不以礼，未善也。"

译 文

孔子说："假使智慧能达到它，但仁德不能坚守它，那么虽然人得到了，但人也一定会失去它。假使智慧能达到它，仁德也能坚守它，但如果不庄重地面对它，那么人民就不会敬重。假使智慧能达到它，仁德也能坚守它，庄重地面对它，但如果不以礼制来行动，那么这也是不完善的。"

解 析

一、知。智慧明理。
二、仁。仁德无私。
三、庄。庄严敬重。
四、礼。礼制规则。礼是知、仁、庄的规范。

15.34

子曰："君子不可小知而可大受也，小人不可大受而可小知也。"

译 文

孔子说："君子不可知小但可受大，小人不可受大而可知小。"

解 析

一、君子。他有道，不可知小，但可受大。
二、小人。他有欲，不可受大，而可知小。

论孔子

15.35

子曰："民之于仁也，甚于水火。水火，吾见蹈而死者矣，未见蹈仁而死者也。"

译　文

孔子说："人民对于仁德的需要，甚于对于水火的需要。我曾见人蹈入水火而死，但未见人蹈入仁德而死。"

解　析

一、仁。它是人的本性的基本规定。

二、水火。它是人生活的必要条件。

三、死。仁有利无害，故无死；水火有利有害，故有死。

15.36

子曰："当仁，不让于师。"

译　文

孔子说："如果追求仁德的话，那么人也不要谦让老师。"

解　析

一、仁。为仁是人的使命，应勇于承担。

二、让。此是谦让。

三、师。人做一般事情时要谦让老师，但为仁时不必谦让老师。

15.37

子曰："君子贞而不谅。"

译　文

孔子说："君子忠贞正义而不讲求小信。"

解　析

一、贞。忠于大道。
二、不谅。不拘小事。

15.38

子曰："事君，敬其事而后其食。"

译　文

子曰："侍奉君主，虔敬谋事而后领取俸禄。"

解　析

一、敬其事。先劳。
二、后其食。后得。

论孔子

15.39

子曰："有教无类。"

译　文

孔子说："有教无类。"

解　析

一、有教。众人皆教。

二、无类。无分类别。

15.40

子曰："道不同，不相为谋。"

译　文

孔子说："道不同，不相为谋。"

解　析

一、道。此是道路。不同道亦即善恶邪正不同之道。

二、谋。此是谋划。不同道路上的人无法相互谋划。

15.41

子曰："辞达而已矣。"

译 文

孔子说："言辞足以表达实意就够了。"

解 析

一、辞。此是语词。

二、达。语言只要表达实意，不必夸饰和巧伪。

15.42

师冕见，及阶，子曰："阶也。"及席，子曰："席也。"皆坐，子告之曰："某在斯，某在斯。"

师冕出。子张问曰："与师言之道与?"子曰："然。固相师之道也。"

译 文

师冕来见孔子，走及台阶，孔子说："这是台阶。"走及坐席，孔子说："这是坐席。"人都坐下了，孔子告他说："某人在这里，某人在这里。"

师冕走出。子张问道："这是与盲人乐师言说的方式吗?"孔子说："是的。这本来是相助盲人乐师的方式。"

论孔子

解 析

一、言物。人如实告诉他人一个现实的物。

二、言人。人如实告诉他人一个现实的人。

三、相师之道。一个能看见的人告诉一个不能看见的人，关键是如实言说，不要欺瞒。

季氏篇第十六

（共十四章）

16.1

季氏将伐颛臾。冉有、季路见于孔子曰："季氏将有事于颛臾。"

孔子曰："求！无乃尔是过与？夫颛臾，昔者先王以为东蒙主，且在邦域之中矣，是社稷之臣也。何以伐为？"

冉有曰："夫子欲之，吾二臣者皆不欲也。"

孔子曰："求！周任有言曰：'陈力就列，不能者止。'危而不持，颠而不扶，则将焉用彼相矣？且尔言过矣。虎兕出于柙，龟玉毁于椟中，是谁之过与？"

冉有曰："今夫颛臾，固而近于费。今不取，后世必为子孙忧。"

孔子曰："求！君子疾夫舍曰'欲之'而必为之辞。丘也闻有国有家者，不患寡而患不均，不患贫而患不安。盖均无贫，和无寡，安无倾。夫如是，故远人不服，则修文德以来之。既来之，则安之。今由与求也，相夫子，远人不服而不能来也，邦分崩离析而不能守也，而谋动干戈于邦内。吾恐季孙之忧，不在颛臾，而在萧墙之内也。"

译 文

季氏将要讨伐颛臾。冉有、季路来见于孔子说："季氏将要讨伐颛臾。"

论孔子

孔子说:"冉求!这难道不是你的过错吗?颛臾,过去先王让它成为东蒙的主人,而它的国土就在国家的境域之中,是国家的重臣。为何要讨伐它呢?"

冉有说:"季氏想讨伐,我们两位大臣都不想讨伐。"

孔子说:"冉求!周任有句话说:'尽力维护,不能就辞。'遇到危险而不支持,遇到颠倒而不扶助,这又何必需要你们的帮助呢?你的话错了。老虎、犀牛逃出笼子,龟甲、玉石毁于匣子,这是谁的过错?"

冉有说:"当今的颛臾,国力坚固,而且接近费地。今日不占取它,以后势必为子孙留下忧患。"

孔子说:"冉求!君子厌恶不说'自己想要',而必为之另找托辞。我听说过,一个邦国,一个家族,不忧患寡少而忧患不均,不忧患贫穷而忧患不安。这是因为平均便无贫穷,和谐便无寡少,安定便无倾倒。做到这样以后,假如远方的人不归服,那么就再修文德以召来他们。既然召来了他们,就要安定他们。如今仲由与冉求,相辅季孙,远方的人不归服,而不能召来,国家分崩离析,而不能守护,反而在国内谋动干戈。我恐怕季孙的忧患,不在颛臾,而在鲁国国内。"

解　析

一、颛臾。季氏将要讨伐颛臾。孔子认为不可。理由有三:第一,先王让颛臾成为东蒙的主人。它有先王授权。第二,它的国土就在国家的境域之中。它是邦国之一。第三,它是国家的重臣。它有自己的权利。

二、冉求。他认为自己没有过错。但孔子认为正是冉求有过错。

三、孔子。他在此提出了自己的治国方略。第一,不患寡而患不均,不患贫而患不安。均匀比寡少更重要;安定比贫穷更重要。均匀是各得其分,安定是和谐生存。第二,感化并召唤远方之人。第三,安定远方之人。

16.2

孔子曰:"天下有道,则礼乐征伐自天子出;天下无道,则礼乐征伐自诸侯出。自诸侯出,盖十世希不失矣;自大夫出,五世希不失矣;陪臣执国命,三世希不失矣。天下有道,则政不在大夫。天下有道,则庶人不议。"

译　文

孔子说:"天下有道,天子规定礼乐征伐;天下无道,诸侯规定礼乐征伐。诸侯规定,大概过了十世希有不失的;大夫规定,大概过了五世希有不失的;陪臣执掌国家的命运,大概过了三世希有不失的。天下有道,则政权不在大夫。天下有道,则人民不议论。"

解　析

一、天下有道。第一,天子制礼作乐指挥征伐;第二,大夫不掌握政权;第三,人民不议论纷纷。

二、天下无道。第一,诸侯规定礼乐征伐;第二,大夫规定礼乐征伐;第三,家臣规定礼乐征伐。

16.3

孔子曰:"禄之去公室五世矣,政逮于大夫四世矣,故夫三桓之子孙微矣。"

论孔子

译 文

孔子说:"政权离开鲁君已经五代了,政权到达大夫已经四代了,因此鲁君桓公的三个子孙也衰微了。"

解 析

这表达了孔子对于事情的看法。

16.4

孔子曰:"益者三友,损者三友。友直,友谅,友多闻,益矣。友便辟,友善柔,友便佞,损矣。"

译 文

孔子说:"三种朋友是有益的,三种朋友是有害的。友人正直,友人诚信,友人多闻,这就有益了。友人谄媚,友人圆滑,友人巧言,这就有害了。"

解 析

一、益友。此为道友。第一,友人正直,能辨是非;第二,友人诚信,能够信任;第三,友人多闻,能获新知。

二、损友。此为欲友。第一,友人谄媚,没有骨气;第二,友人圆滑,不可信任;第三,友人巧言,没有真话。

这是对于朋友的区分。

16.5

孔子曰："益者三乐，损者三乐。乐节礼乐，乐道人之善，乐多贤友，益矣。乐骄乐，乐佚游，乐宴乐，损矣。"

译 文

孔子说："三种快乐是有益的，三种快乐是有害的。乐于以礼乐来调节，乐于说他人的长处，乐于多交贤友，这就有益了。乐于骄傲享乐，乐于游荡忘返，乐于饮食享受，这就有害了。"

解 析

一、益乐。这是被道所规定的快乐。第一，乐于以礼乐来调节，有规则之益；第二，乐于说他人的长处，有善良之益；第三，乐于多交贤友，有友情之益。

二、损乐。这是被欲所规定的快乐。第一，乐于骄傲享乐，有傲慢之损；第二，乐于游荡忘返，有放荡之损；第三，乐于饮食享受，有肉欲之损。

16.6

孔子曰："侍于君子有三愆：言未及之而言，谓之躁；言及之而不言，谓之隐；未见颜色而言，谓之瞽。"

论孔子

译　文

　　孔子说："陪同君子容易有三种过失：还没有到该言说的时候而言说，这叫急躁；到了该言说的时候而不言说，这叫隐瞒；不顾人脸的颜色而言说，这叫盲目。"

解　析

　　一、躁。此为急于言说。
　　二、隐。此为瞒于言说。
　　三、瞽。此为盲于言说。

16.7

　　孔子曰："君子有三戒：少之时，血气未定，戒之在色；及其壮也，血气方刚，戒之在斗；及其老也，血气既衰，戒之在得。"

译　文

　　孔子说："君子有三种戒备的事情：年少之时，血气未定，戒备之事在于色欲；等到壮年，血气方刚，戒备之事在于争斗；等到老年，血气既衰，戒备之事在于贪得。"

解　析

　　一、年。人的年龄整体可区分为三个阶段：少、壮、老。
　　二、血气。血气是人的生命的基本要素。随着人的年龄的变化，血气也会发生变化：未定、方刚和衰竭。身体血气的变化也会影响到欲望的变化。

三、戒。人在根本上是要以道制欲。少戒色，壮戒争，老戒得。

16.8

孔子曰："君子有三畏：畏天命，畏大人，畏圣人之言。小人不知天命而不畏也，狎大人，侮圣人之言。"

译 文

孔子说："君子有三种敬畏的事情：敬畏天命，敬畏大人，敬畏圣人之言。小人不知天命而不敬畏，轻视大人，侮辱圣人之言。"

解 析

一、天命。此为天的命令，人的命运，即天道。

二、大人。此为王公和位高之人，即替天行道者。

三、圣人之言。圣人代天立言。故圣人之言虽为人言，但为天言。

四、君子、小人。他们的差别在此表现为对于天命、大人和圣人之言敬畏与否。

16.9

孔子曰："生而知之者上也，学而知之者次也；困而学之，又其次也；困而不学，民斯为下矣。"

论孔子

译 文

孔子说："生而知之者为上等，学而知之者为次等；遇到困难而学习，为又次等；遇到困难而不学习，这样的人就为下等了。"

解 析

一、上。此为生而知之者。

二、次。此为学而知之者。

三、又次。此为遇到困难而学习者。

四、下。此为遇到困难而不学习者。

五、学。四个等级是对于知与学的区分。其中，学习是最重要的。

16.10

孔子曰："君子有九思：视思明，听思聪，色思温，貌思恭，言思忠，事思敬，疑思问，忿思难，见得思义。"

译 文

孔子说："君子有九种思虑：眼睛所看要考虑看明事物的真相。耳朵所听要考虑听清声音的意义。面色要考虑温和。貌态要考虑恭敬。言说要考虑忠信。做事要考虑敬重。疑难要考虑问人。发怒要考虑后患。见得要考虑合乎道义。"

解 析

一、视、听。此为人由外到内的感知。

二、色、貌。此为人由内显外的相貌。

三、言、事。此为人的基本活动。

四、疑、忿。此为人的心灵，且为消极的情绪。

五、见得。此为人的决定，即人在欲与道之间的抉择。

六、九思。这是一个人要遵守的细致的游戏规则。

16.11

孔子曰："见善如不及，见不善如探汤。吾见其人矣，吾闻其语矣。隐居以求其志，行义以达其道。吾闻其语矣，未见其人也。"

译　文

孔子说："看见善，如同追赶不及，看见不善，如同探到热汤急避。我见到过这样的人，也听到过这样的话。隐居起来以追求志向，践行正义以达到大道。我听到过这样的话，但没见到过这样的人。"

解　析

一、见善与不善。行善去恶之人，可见亦可闻。

二、隐和行。隐以求志和行义达道之人，可闻但不可见。

16.12

齐景公有马千驷，死之日，民无德而称焉。伯夷、叔齐饿于首阳之下，民到于今称之。其斯之谓与？

论孔子

译 文

齐景公有四千马，但死的时候，人民没有称颂他的德性。伯夷、叔齐饿死于首阳山下，但人民到今还称颂他的德性。这说的就是这个意思吧？

解 析

一、无称。人民不赞美力。
二、称。人民赞美德。

16.13

陈亢问于伯鱼曰："子亦有异闻乎？"

对曰："未也。尝独立，鲤趋而过庭。曰：'学《诗》乎？'对曰：'未也。''不学《诗》，无以言。'鲤退而学《诗》。他日，又独立，鲤趋而过庭。曰：'学礼乎？'对曰：'未也。''不学礼，无以立。'鲤退而学礼。闻斯二者。"

陈亢退而喜曰："问一得三：闻《诗》，闻礼，又闻君子之远其子也。"

译 文

陈亢向伯鱼问道："你也听到特异的东西吗？"

伯鱼答道："没有。孔子曾一人站立，我快步穿过庭中。孔子说：'你学了《诗》吗？'我答道：'没有。'孔子说：'不学《诗》，无以言。'我退而学《诗》。一天，他又一人站立，我快步穿过庭中。孔子说：'你学了礼吗？'我答道：'没有。'孔子说：'不学礼，无以立。'我退而学礼。我只听到这二者。"

陈亢回去喜悦地说道："我问一得到了三：听到了学《诗》，听到了学

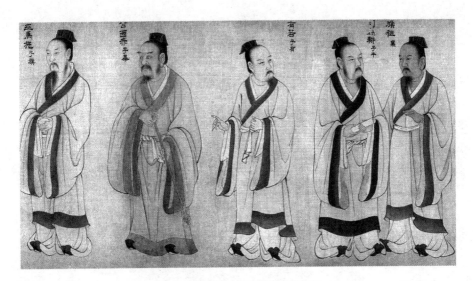

唐·阎立本（传）《孔子弟子像》（局部）

礼，又听到了君子远其亲子。"

解 析

一、闻诗。学诗是言说的基础。

二、闻礼。学礼是立身的基础。

三、无异闻。君子于其子没有秘传。

16.14

邦君之妻，君称之曰"夫人"，夫人自称曰"小童"；邦人称之曰"君夫人"，称诸异邦曰"寡小君"；异邦人称之，亦曰"君夫人"。

译 文

国君的妻子，国君称她为"夫人"，夫人自称为"小童"；国人称她为

论孔子

"君夫人"，但对外国人称她为"寡小君"；外国人称她也为"君夫人"。

解 析

一、谦称。对己谦称。

二、尊称。对人尊称。

阳货篇第十七

（共二十六章）

17.1

阳货欲见孔子，孔子不见，归孔子豚。

孔子时其亡也，而往拜之。

遇诸涂。

谓孔子曰："来！予与尔言。"曰："怀其宝而迷其邦，可谓仁乎？"曰："不可。""好从事而亟失时，可谓知乎？"曰："不可。""日月逝矣，岁不我与。"

孔子曰："诺。吾将仕矣。"

译　文

阳货想会见孔子，孔子不去见，他便送了孔子一只蒸熟了的小猪。

孔子趁其不在的时候，而去拜见他。

两人相遇在途中。

阳货对孔子说："来！我和你说话。"他接着说："自己怀有宝贝而听任国家迷惑，这可谓仁吗？"孔子说："不可。"阳货说："喜好从事而多次错失时机，这可谓智吗？"孔子说："不可。"阳货说："日月流逝，岁月不与人。"

论孔子

孔子说:"好吧! 我将去当官。"

解 析

一、不仁。人怀有智慧而让国家迷惑,此为不仁。

二、不知。人力图建功而让机遇流失,此为不智。

17.2

子曰:"性相近也,习相远也。"

译 文

孔子说:"人性本来相近,但习俗使之相远。"

解 析

一、性。此为人之本性。人的本性是相似的。但人的本性为何? 它主要有如下几种可能:第一,性非恶非善;第二,性亦恶亦善;第三,性善,第四,性恶。按孔子的观点,人性是善的。这是因为仁是人的本性的基本规定。仁就是善。

二、习。此为习惯,是人在世界中的活动。习惯包括了如下几个要素:第一,已经给予的社会和自然环境;第二,共在的人与物;第三,人自身的活动。人的习惯导致了善恶之分和君子小人之别。

性与习的差异形成了先天和后天一系列的差异。

17.3

子曰："唯上知与下愚不移。"

译 文

孔子说："唯有上等的智慧与下等的愚蠢是不可移动的。"

解 析

一、上知。此为生而知之者。
二、下愚。此为困而不学者。

17.4

子之武城，闻弦歌之声。夫子莞尔而笑，曰："割鸡焉用牛刀？"

子游对曰："昔者偃也闻诸夫子曰：'君子学道则爱人，小人学道则易使也。'"

子曰："二三子！偃之言是也。前言戏之耳。"

译 文

孔子到了武城，听闻到弦歌之声。他莞尔而笑，说道："割鸡焉用牛刀？"

子游答道："以前我听老师说过：'君子学道就会爱人，小人学道就会易使。'"

孔子说："弟子们！言偃的话是对的。我刚才的话是和他开玩笑。"

解 析

一、弦歌。此喻礼乐文化，亦即治国之道。

二、君子。他高位，为主者，故学道则爱人。

三、小人。他低位，为受者，故学道则易使。

17.5

公山弗扰以费畔，召，子欲往。

子路不说，曰："末之也，已，何必公山氏之之也?"子曰："夫召我者，而岂徒哉? 如有用我者，吾其为东周乎?"

译 文

公山弗扰盘踞费地要造反，召见孔子，孔子欲往。

子路不悦，说："没有地方去便罢了，何必去公山氏那里?"孔子说："那个召我的人，难道是徒劳吗? 如有用我的人，我不就在东方复兴周朝吗?"

解 析

一、用我者。此为让我能治理天下者。

二、我。我的使命是恢复先王的礼乐文化。

17.6

子张问仁于孔子。孔子曰："能行五者于天下，为仁矣。"

"请问之。"曰："恭宽信敏惠。恭则不侮，宽则得众，信则人任焉，敏则有功，惠则足以使人。"

译 文

子张向孔子问仁。孔子说："能在天下实行五种德性，就可以说是仁了。"

子张说："请问哪五种?"孔子说："恭敬，宽容，诚信，勤敏，恩惠。恭敬就不会侮辱，宽容就会得众，诚信就会得到他人的信任，勤敏就会有事功，恩惠就足以使唤他人。"

解 析

一、恭。此为自己恭敬。

二、宽。此为宽容他人。

三、信。此为自己诚信。

四、敏。此为勤敏做事。

五、惠。此为恩惠他人。

六、五德。恭、信主要是对于自己而言，宽、惠主要是对他人而言；敏主要是对于事功而言。

论孔子

17.7

佛肸召，子欲往。

子路曰："昔者由也闻诸夫子曰：'亲于其身为不善者，君子不入也。'佛肸以中牟畔，子之往也，如之何？"

子曰："然。有是言也。不曰坚乎，磨而不磷；不曰白乎，涅而不缁。吾岂匏瓜也哉？焉能系而不食？"

译 文

佛肸召唤孔子，他想前往。

子路说："过去我曾听老师说：'那亲身做不善的人，君子是不去他那里的。'佛肸盘踞中牟反叛，但你却要去，这怎么说？"

孔子说："对。我是说过这样的话。但不是说坚固的东西，磨也磨不薄吗？不是说洁白的东西，染也染不黑吗？我难道是一个匏瓜吗？怎能只是悬挂而不食用？"

解 析

一、君子。他有其守身的原则，亲善而不亲不善。

二、坚、白。君子因其自身善，而不怕不善。正如坚者不能磨薄；白

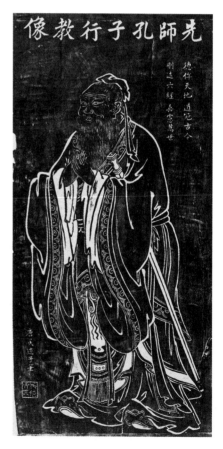

唐·吴道子（传）《孔子行教图》

者不能染黑。

三、匏瓜。此比喻好看不好用。但孔子所说的君子不仅是内圣，而且是外王。

17.8

子曰："由也！女闻六言六蔽矣乎？"对曰："未也。"

"居！吾语女。好仁不好学，其蔽也愚；好知不好学，其蔽也荡；好信不好学，其蔽也贼；好直不好学，其蔽也绞；好勇不好学，其蔽也乱；好刚不好学，其蔽也狂。"

译　文

孔子说："仲由！你听闻过六种德性具有的六种弊端吗？"仲由答道："没有。"

孔子说："坐下！我告诉你。好仁不好学，其弊端是愚蠢；好知不好学，其弊端是放荡；好信不好学，其弊端是贼害；好直不好学，其弊端是尖刻；好勇不好学，其弊端是乱为；好刚不好学，其弊端是狂妄。"

解　析

一、愚。好仁不好学，则不明其理，故愚蠢。

二、荡。好知不好学，则空洞无边，故放荡。

三、贼。好信不好学，则死守诺言，故贼害。

四、绞。好直不好学，则流于直率，故尖刻。

五、乱。好勇不好学，则勇于敢作，故乱为。

六、狂。好刚不好学，则刚强无比，故狂妄。

七、学。学乃学道。道乃游戏规则，是边界的划分。在此，道给六德确定边界。无此边界，六德就会成为六弊。

17.9

子曰："小子何莫学夫《诗》？诗，可以兴，可以观，可以群，可以怨。迩之事父，远之事君；多识于鸟兽草木之名。"

译　文

孔子说："学生们为什么不学习《诗》？诗，可以启兴，可以观察，可以群人，可以怨叹。在近处可以侍奉父母，在远处可以事奉国君；还可以多多识别鸟兽草木之名。"

《容启奇问日答孔夫子》（铜镜），北京孔庙

解 析

一、兴。启兴志意。

二、观。观察事情。

三、群。与人合群。

四、怨。怨叹人事。

五、迩。在家孝敬父母。

六、远。在国忠于君王。

七、多识。广知万物。

《诗经》是人民的教科书。第一，诗歌有认识作用，知晓自然与社会；第二，有道德作用，维持家国的伦理秩序；第三，有审美作用，培养并丰富人的情感。

17.10

子谓伯鱼曰："女为《周南》、《召南》矣乎？人而不为《周南》、《召南》，其犹正墙面而立也与？"

译 文

孔子对伯鱼说："你学习过《周南》、《召南》吗？人如果不学习《周南》、《召南》的话，那么他犹如正对墙面而立！"

解 析

一、《周南》、《召南》。所言男女之事。男女为家国之本。有夫妇，然后有父子；有父子，然后有君臣。故人只有首先处理好男女之事，即修身齐家，然后才能治国平天下。

二、正墙面而立。此为比喻，一是无视一物，二是无行一步。

17.11

子曰："礼云礼云，玉帛云乎哉？乐云乐云，钟鼓云乎哉？"

译　文

孔子说："礼呀礼呀，难道只是说玉帛吗？乐呀乐呀，难道只是钟鼓吗？"

解　析

一、礼。它并非只有玉帛礼器，还有人。礼为序，敬序重于玉帛。

二、乐。它并非只有钟鼓乐器，还有人。乐为和，维和重于钟鼓。

17.12

子曰："色厉而内荏，譬诸小人，其犹穿窬之盗也与？"

译　文

孔子说："外表严厉而内心怯懦，若用小人来比喻，他犹如挖洞跳墙的盗贼吧？"

解 析

一、色厉内荏。内外不一，以外掩内。

二、盗。人在无人处窃物，生怕有人知道。

17.13

子曰："乡原，德之贼也。"

译 文

孔子说："好好先生，是德性的害贼。"

解 析

一、乡原。此为代表乡人之意愿者。无是非，无善恶，唯乡人所好，为乡人所好。

二、德之贼。乡原坏是非，坏善恶，故破坏道德。

17.14

子曰："道听而途说，德之弃也。"

译 文

孔子说："道听而途说，是德性的弃绝。"

论孔子

解 析

一、道听而途说。此为不依据事实之真相的言谈，人听且说之。

二、德之弃。无根据的听说破坏是非，破坏善恶，故弃绝道德。

17.15

子曰："鄙夫可与事君也与哉？其未得之也，患得之，既得之，患失之，苟患失之，无所不至矣。"

译 文

孔子说："人可与鄙夫共同事奉国君吗？他未得位置时，忧患是否得到，既已得到，又忧患失去，如果忧患失去的话，那么他就会无所不用其极了。"

解 析

一、鄙夫。此为无道有欲之人。

二、患得。人忧患是否能得到利益。

三、患失。人忧患是否会失去利益。

四、无所不至。无道有欲，人就会无所不用其极。

17.16

子曰："古者民有三疾，今也或是之亡也。古之狂也肆，今之狂也荡；

古之矜也廉，今之矜也忿戾；古之愚也直，今之愚也诈而已矣。"

译 文

孔子说："古代的人民有三种毛病，今天也许这些毛病都没有了。古代的狂肆意，今日的狂放荡；古代的矜廉正，今日的矜忿戾；古代的愚直朴，今日的愚欺诈。"

解 析

一、狂。狂者高远。古者率性而为，今者放荡不羁。

二、矜。矜者持守。古者自身廉正，今者盛气凌人。

三、愚。愚者不明。古者自然质朴，今者装疯卖傻。

四、古今。古今之病的区别在于道欲之分。古者为道之病，今者为欲之病。

17.17

子曰："巧言令色，鲜矣仁。"

译 文

孔子说："虚巧的言语和伪善的色貌，这是很少有仁德的。"

解 析

一、巧言。此为虚巧的语言。

二、令色。此为伪善的面色。

三、不仁。巧言听起来很美，令色看起来很美，但实际上不仁。人用

论孔子

虚巧的言语和伪善的色貌来表现自己，无非是伪装自己的不仁，向人表明自己有仁。

　　四、仁与不仁。

　　1. 仁是内在的和真实的，不是外在的和虚假的。否则就是不仁。

　　2. 人要区分仁与非仁。人知道了非仁，也就知道了仁。

17.18

　　子曰："恶紫之夺朱也，恶郑声之乱雅乐也，恶利口之覆邦家者。"

译　文

　　孔子说："憎恶紫色占夺了朱色，憎恶郑声扰乱了雅乐，憎恶利口颠覆了国家。"

解　析

　　一、紫。此非正色。

　　二、郑声。此为淫声。

　　三、利口。此为恶言。

17.19

　　子曰："予欲无言。"子贡曰："子如不言，则小子何述焉？"子曰："天何言哉？四时行焉，百物生焉。天何言哉？"

326

译 文

孔子说："我欲无言。"子贡说："你如果不言说的话，那么我们传述什么呢？"孔子说："天言说了什么呢？四时运行，百物生长。天言说了什么呢？"

解 析

一、我欲无言。我欲由言说转向无言。言何？言道。不言何？不言道。我不言说的原因是多重的：第一，我所言之道未能实现；第二，道不可言说；第三，天本身无言。

二、小子何述。老师不言道，学生无闻道，也无法传道。

三、天何言哉。天不言说，但自身显现。它让四时运行，百物生长。圣人不言，亦复如是。

17.20

孺悲欲见孔子，孔子辞以疾。将命者出户，取瑟而歌，使之闻之。

译 文

孺悲欲见孔子，孔子以疾病谢辞。传命的人刚出户，他取瑟而歌，让孺悲听到。

解 析

一、辞以疾。孔子非直接而委婉地拒绝来访者。

二、取瑟而歌。孔子让来访者事后知道拒绝的真相。

论孔子

17.21

宰我问:"三年之丧,期已久矣。君子三年不为礼,礼必坏;三年不为乐,乐必崩。旧谷既没,新谷既升,钻燧改火,期可已矣。"

子曰:"食夫稻,衣夫锦,于女安乎?"

曰:"安。"

"女安,则为之。夫君子之居丧,食旨不甘,闻乐不乐,居处不安,故不为也。今女安,则为之!"

宰我出。子曰:"予之不仁也!子生三年,然后免于父母之怀。夫三年之丧,天下之通丧也。予也有三年之爱于其父母乎!"

译 文

宰我问道:"三年的守孝丧期,为期也太久了。君子三年不为礼,礼必坏;三年不为乐,乐必崩。陈粮已尽,新谷已出,打火的燧木经历了一个轮回,一年就可以了。"

孔子说:"吃稻米,穿锦衣,你安宁吗?"

宰我说:"安宁。"

孔子说:"你安宁,就去做吧。君子守丧,食旨不甘,闻乐不乐,居处不安,因此不为。今你安宁,就去做吧!"

宰我出去了。孔子说:"宰予不仁啊!子女出生三年,然后才离开父母的怀抱。三年之丧是天下之通丧。宰予也曾获得过三年的父母之爱吧!"

解 析

一、丧。守孝丧期多久?在此为三年与一年之争。

328

二、安。丧期为悲，故不能安于享乐。

三、仁。人曾有三年的父母怀抱之爱，故也要守三年的父母丧期。这才是仁。

17.22

子曰："饱食终日，无所用心，难矣哉！不有博弈者乎？为之，犹贤乎已。"

译 文

孔子说："饱食终日，无所用心，这就难办了！不是有博弈吗？去博弈，也还好一些。"

解 析

一、饱食终日。满足腹欲。

二、无所用心。心无所为。

三、博弈。孔子在此并非主张博弈，而是主张做事。

17.23

子路曰："君子尚勇乎！"子曰："君子义以为上。君子有勇而无义为乱，小人有勇而无义为盗。"

论孔子

译 文

子路说："君子尚勇吗!"孔子说："君子认为义是最高的。君子有勇而无义就会为乱，小人有勇而无义就会为盗。"

解 析

一、勇。勇者敢为。

二、义。道义是勇的边界。人越过此边界之勇就是为乱和为盗。

17.24

子贡曰："君子亦有恶乎!"子曰："有恶：恶称人之恶者，恶居下流而讪上者，恶勇而不礼者，恶果敢而窒者。"

曰："赐也亦有恶乎?""恶徼以为知者，恶不孙以为勇者，恶讦以为直者。"

译 文

子贡说："君子也有憎恶吗!"孔子说："君子有憎恶：憎恶说人坏话的人，憎恶处下位而诽谤上级的人，憎恶勇敢而不懂礼节的人，憎恶果敢而顽固的人。"

孔子说："赐也有憎恶吗?"子贡说："我憎恶偷袭他人而自以为聪明的人，憎恶毫不谦逊而自以为勇敢的人，憎恶揭人隐私而自以为直率的人。"

解 析

一、君子之恶。君子有爱，也有恶。他憎恶恶言恶行。

二、子贡之恶。子贡也有爱恶，但重在憎恶自以为是的虚伪之人。

17.25

子曰："唯女子与小人为难养也，近之则不孙，远之则怨。"

译　文

孔子说："唯有女子与小人是难以相处的，亲近了，他们就不谦逊，疏远了，他们就怨恨。"

解　析

一、女子。相对男性，女子为性别之弱者。

二、小人。相对君子，小人为德性之下者。

三、近之、远之。当人亲近了，他们就不谦逊；当人疏远了，他们就怨恨。但当人行走中道，远近有度，则无二者之患。

17.26

子曰："年四十而见恶焉，其终也已。"

译　文

孔子说："年到四十而还被人厌恶，这也就完了。"

论孔子

解 析

一、四十。此是人的成年，即成德之年，因此在人生历程中具有关键性。

二、见恶。人被他人厌恶，只是因为自己作恶。

微子篇第十八

（共十一章）

18.1

微子去之，箕子为之奴，比干谏而死。孔子曰："殷有三仁焉。"

译　文

微子离开了，箕子做了奴隶，比干谏劝而被杀死。孔子说："殷朝有
三个仁人。"

解　析

一、仁。此为直道而行。
二、三。此三人在无道的年代里行有道，而不得好报。

18.2

柳下惠为士师，三黜。人曰："子未可以去乎？"曰："直道而事人，焉
往而不三黜？枉道而事人，何必去父母之邦？"

论孔子

译 文

柳下惠做法官，多次被废黜。有人对他说："你不可以离开鲁国吗？"柳下惠说："直道而事人，到哪里去不会多次被废黜？枉道而事人，何必离开父母之邦？"

解 析

一、直道。人沿道而行，有道无欲，为公。

二、枉道。人背道而驰，有欲无道，为己。

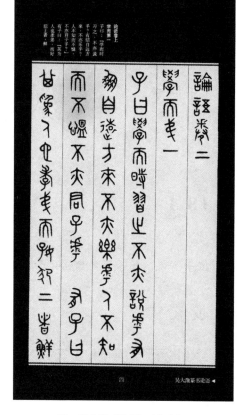

清·吴大澂《论语》（篆书）

18.3

齐景公待孔子曰："若季氏，则吾不能；以季、孟之间待之。"曰："吾老矣，不能用也。"孔子行。

译 文

齐景公说到对待孔子的标准："如同对待季氏一样，我不能做到；以对待季氏、孟氏之间的标准来对待。"又说："我老了，不能用他了。"孔子于是走了。

解 析

一、待。齐景公所待孔子与其地位不称。

二、行。孔子不受此待，一走了之。

18.4

齐人归女乐，季桓子受之，三日不朝，孔子行。

译 文

齐人赠送了歌姬舞女，季桓子接受了，三日不上朝，孔子就离开了。

解 析

一、季桓子。其人贪女乐，荒国政，为欲弃道。

二、孔子。大道不行，他不可为而不为，一走了之。

18.5

楚狂接舆歌而过孔子曰："凤兮凤兮！何德之衰？往者不可谏，来者犹可追。已而！已而！今之从政者殆而！"

孔子下，欲与之言。趋而辟之，不得与之言。

译 文

楚国的狂人接舆唱着歌而经过孔子说："凤凰啊！凤凰啊！德性为何

论孔子

如此衰败？往者不可谏说，来者犹可追赶。罢了！罢了！当今的从政者实在是危殆!"

孔子下车，欲与他说话。他却快步躲避，孔子不得与他谈话。

解 析

一、凤凰。此为神鸟。有道则显，无道则隐。

二、何德之衰。此谓孔子缺少凤凰的显隐之德，只知道显，而不知道隐。

三、往者不可谏，来者犹可追。此谓孔子过去虽没隐，但现在犹可隐。

18.6

长沮、桀溺耦而耕，孔子过之，使子路问津焉。

长沮曰："夫执舆者为谁？"

子路曰："为孔丘。"

曰："是鲁孔丘与？"

曰："是也。"

曰："是知津矣。"

问于桀溺。

桀溺曰："子为谁？"

曰："为仲由"。

曰："是鲁孔丘之徒与？"

对曰："然。"

曰："滔滔者天下皆是也，而谁以易之？且而与其从辟人之士也，岂若从辟世之士哉?"耰而不辍。

子路行以告。

夫子怃然曰:"鸟兽不可与同群,吾非斯人之徒与而谁与? 天下有道,丘不与易也。"

译　文

长沮、桀溺一起耕地,孔子经过那里,让子路去问渡口。

长沮问道:"那位驾车的人是谁?"

子路说:"是孔丘。"

长沮问:"是鲁国的孔丘吗?"

子路说:"是的。"

长沮说:"那他知道渡口。"

子路问于桀溺。

桀溺问:"你是谁?"

子路说:"是仲由"。

桀溺问:"是鲁国孔丘的门徒吗?"

子路答道:"是。"

桀溺说:"滔滔洪水,天下皆是,谁能变易它呢? 难道与其跟从逃避坏人的人,不如跟从逃避人世的人?"他仍耕而不辍。

子路走回报告。

孔子颇为惆怅地说:"我们不可与鸟兽同群,我们不是人类中的一分子,那又是谁中的一分子呢? 天下有道,我就不去变易了。"

解　析

一、天下皆是,谁以易之。此谓天下无道,无法改变。

二、辟人之士。此谓人区分了有道和无道之人,而逃避了无道之人。

三、辟世之士。此谓人区分了有道和无道之世，而逃避了无道之世。

四、鸟兽不可与同群。此谓人与动物不同，不可与其共同生活。

五、斯人之徒。此谓人与人相同，应与其共同生活。

六、天下有道，丘不与易。此谓正是天下无道，人要使之变成有道。孔子力图在一个无道的世界建设有道的世界。

18.7

子路从而后，遇丈人，以杖荷蓧。

子路问曰："子见夫子乎？"

丈人曰："四体不勤，五谷不分，孰为夫子？"植其杖而芸。

子路拱而立。

止子路宿，杀鸡为黍而食之，见其二子焉。

明日，子路行以告。

子曰："隐者也。"使子路反见之。至，则行矣。

子路曰："不仕无义。长幼之节，不可废也；君臣之义，如之何其废之？欲洁其身，而乱大伦。君子之仕也，行其义也。道之不行，已知之矣。"

译 文

子路跟从孔子，而落在后边，遇到一位老人，用拐杖担荷着锄草工具。

子路问："你见到我老师吗？"

老人说："四体不勤，五谷不分，谁是你老师？"他放下拐杖而去锄草。

子路拱手而立。

老人劝止子路夜宿，杀鸡做饭给子路吃，并引见他的两个儿子。

明日，子路走了并告孔子。

孔子说："这是个隐者。"他使子路返回见隐者。子路到了，但隐者走了。

子路说："不去做官是不对的。既然长幼的节序是不可废除的，那么君臣之间的道义，又怎能废弃呢？人欲洁其身，但扰乱了大伦。君子去做官，是实行道义。大道不行，早就知道了。"

解　析

一、长幼之节。长幼是天生的区分和序列。

二、君臣之义。君臣虽然是后天的，但是建立在长幼的基础上，因此也是符合天道的。

三、道之不行。身处天下无道，一是逃避，二是反抗。逃避者去隐居，反抗者去当官。孔子主张去当官，要使无道变成有道。

18.8

逸民：伯夷、叔齐、虞仲、夷逸、朱张、柳下惠、少连。子曰："不降其志，不辱其身，伯夷、叔齐与！"谓"柳下惠、少连，降志辱身矣，言中伦，行中虑，其斯而已矣。"谓"虞仲、夷逸，隐居放言，身中清，废中权。我则异于是，无可无不可"。

译　文

隐逸的人有：伯夷、叔齐、虞仲、夷逸、朱张、柳下惠、少连。孔子说："不降其志，不辱其身，是伯夷、叔齐吧！"他又说："柳下惠、少连，

论孔子

降志辱身，言语合于规矩，行为合乎思虑，那也只是如此而已。"他又说："虞仲、夷逸，隐居放言高论，自身保持清白，废弃切中权变。我则异于他们，无可无不可。"

《子思像》（引自《三才图会》）

解　析

一、伯夷等。此类隐士不降其志，不辱其身。他们坚守正道，远离人世。

二、柳下惠等。此类隐士降志辱身，言行合于法度。他们寻找正道与人世的契合。

三、虞仲等。此类隐士隐居放言，既行正道，又通权变。

四、孔子。他将隐士区分了三种类型。但他不属于其中任何一种类型。他无可无不可。可显可隐，唯道是从。

18.9

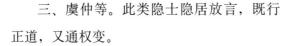

大师挚适齐，亚饭干适楚，三饭缭适蔡，四饭缺适秦，鼓方叔入于河，播鼗武入于汉，少师阳、击磬襄入于海。

译　文

大师挚逃到了齐国，亚饭乐师干逃到了楚国，三饭乐师缭逃到了蔡国，四饭乐师缺逃到了秦国，鼓手方叔到了黄河边，小鼓手武到了汉水边，少师阳、击磬手襄到了海边。

解　析

这记述了宫廷乐师逃离隐遁的地方。

18.10

周公谓鲁公曰："君子不施其亲，不使大臣怨乎不以。故旧无大故，则不弃也。无求备于一人！"

译　文

周公对鲁公说："君子不怠慢其亲族，不使大臣报怨没被信任。故旧无大的过失，就不抛弃他们。不要对人求全责备！"

解　析

一、亲。要亲近亲族。

二、大臣。要信任大臣。

三、故旧。要记得故旧。

四、人。要宽厚待人。

18.11

周有八士：伯达、伯适、仲突、仲忽、叔夜、叔夏、季随、季騧。

论孔子

译 文

周朝有八士:伯达、伯适、仲突、仲忽、叔夜、叔夏、季随、季騧。

解 析

这记述了八士的名字。

子张篇第十九

（共二十五章）

19.1

子张曰："士见危致命，见得思义，祭思敬，丧思哀，其可已矣。"

译 文

子张说："士见到危害就献出生命，见到所得就思考道义，祭祀就思考恭敬，守丧就思考哀痛，这就可以了。"

解 析

一、见危致命。人遇到危害，敢于献出自己的生命去拯救。此为无欲。
二、见得思义。人遇到利益，思考合于公正的道义去取舍。此为行道。
三、祭思敬。人对于所祭保持敬重。
四、丧思哀。人对于所丧保持哀痛。

19.2

子张曰："执德不弘，信道不笃，焉能为有？焉能为亡？"

论孔子

译　文

子张说："执行德性不弘毅，信仰大道不笃实，这怎能算有？这怎能算无？"

解　析

一、执德。执行德性要弘毅，这才是真执德，才是真有德。

二、信道。信仰大道要笃实，这才是真信道，才是真有道。

三、有、无。执行德性不弘毅，信仰大道不笃实。这似是而非，似有实无。

19.3

子夏之门人问交于子张。子张曰："子夏云何？"

对曰："子夏曰：'可者与之，其不可者拒之。'"

子张曰："异乎吾所闻：君子尊贤而容众，嘉善而矜不能。我之大贤与，于人何所不容？我之不贤与，人将拒我，如之何其拒人也？"

译　文

子夏的门人问子张如何交友。子张说："子夏如何说的？"

门人答道："子夏说：'可以交的就去交往，不可以交的就去拒绝。'"

子张说："这异于我所听闻的：君子尊敬贤人而容纳众人，嘉奖善良的人而同情无能的人。我是大贤人吗，对人有何所不容？我是不贤的人吗，他人将拒绝我，我怎能拒绝他人？"

解 析

一、子夏。其交友主张区分可交和不可交，然后或与之，或拒之。

二、子张。其虽对于人进行了区分：贤与众，善与不能，但主张广交友人。我无论贤与不贤，都要容人而不拒人。

三、交友。子张其交友较宽，子夏其交友较窄。子张的容众显然需要区分。但子夏的可交和不可交的区分应转换为益友和损友的区分。在此基础上，然后或与之，或拒之。

《孔子像》（引自《历代古人像赞》）

19.4

子夏曰："虽小道，必有可观者焉；致远恐泥，是以君子不为也。"

译 文

子夏说："虽说是小道，但必有可观之处；不过，人要致远恐怕会陷于其中，因此君子不为小道。"

解 析

一、小道。此不是大道，是些小技小艺。

二、不为。为小道则会妨碍大道，因此君子不为。

论孔子

19.5

子夏曰："日知其所亡，月无忘其所能，可谓好学也已矣。"

译　文

子夏说："每日知其所无的，每月不忘其所能的，这可谓好学了。"

解　析

一、知。人知道其所不知道的，此为新知。

二、无忘。人记住其所知道的，此为旧学。

三、好学。人专注而持久地学习知识。

19.6

子夏曰："博学而笃志，切问而近思，仁在其中矣。"

译　文

子夏说："广博学习而笃实志向，恳切发问而近前思考，仁就在其中了。"

解　析

一、博学。广博学习，才能多知。

二、笃志。笃实志向，才能专注。

三、切问。恳切发问，才能深入。

四、近思。近前思考，才能务实。

五、仁。博学而笃志，切问而近思，这四者包含了为仁的要素。但其主要为思想，而不是行动。

19.7

子夏曰："百工居肆以成其事，君子学以致其道。"

译　文

子夏说："各种工匠居于工厂来完成其事情，君子依靠学习来达到其大道。"

解　析

一、百工。他凭借工具来制作器具。

二、君子。他凭借学习来达到大道。

19.8

子夏曰："小人之过也必文。"

译　文

子夏说："小人犯了过错必然文饰。"

论孔子

解　析

一、小人。人人均会犯错，但小人和君子犯错不同。

二、过。小人和君子面对过错也不同。小人文过饰非，故再过；君子知错必改，故无过。

19.9

子夏曰："君子有三变：望之俨然，即之也温，听其言也厉。"

译　文

子夏说："君子有三变：望见他，很庄严；接近他，很温和；听他的话，很严厉。"

解　析

一、望。此为远望。望其相貌，君子礼仪威严。

二、即。此为接近。近其面色，君子仁德温和。

三、听。此为倾听。听其言谈，君子道义严正。

19.10

子夏曰："君子信而后劳其民，未信则以为厉己也。信而后谏，未信则以为谤己也。"

译　文

子夏说："君子得到信任而后才烦劳民众，民众未信任就会以为在伤害自己。君子得到信任后才劝谏君主，君主未信任就会以为在诽谤自己。"

解　析

一、信。人只有诚信，才能得到他人的信任。所谓信任就是相信这是真的。

二、劳。此为劳民。因为烦劳，所以民信而后可。

三、谏。此为谏君。因为直谏，所以君信而后可。

19.11

子夏曰："大德不逾闲，小德出入可也。"

译　文

子夏说："大德不能逾越界限，小德可以出入界限。"

解　析

一、大德。此关乎大是大非，大善大恶。

二、小德。此无关乎是非善恶。

论孔子

19.12

子游曰："子夏之门人小子，当洒扫应对进退，则可矣，抑末也。本之则无，如之何？"

子夏闻之，曰："噫！言游过矣！君子之道，孰先传焉，孰后倦焉？譬诸草木，区以别矣。君子之道，焉可诬也？有始有卒者，其惟圣人乎！"

译　文

子游说："子夏的门人，打扫庭院，接待来宾，这是可以的，但这只是末节小事。根本的事情则没有，这怎么行？"

子夏听后说："咳！言游说错了！君子之道，哪种先传，哪种后教？譬如草木，要区别分开。君子之道，怎可诬解？有始有终者，大概只有圣人吧！"

解　析

一、末。此为小学之末，亦即小技。

二、本。此为大学之本，亦即大道。

三、君子之道。传道传技，孰先孰后，应因材施教。

四、圣人。有始有终，亦即有本有末。圣人道技合一。

19.13

子夏曰："仕而优则学，学而优则仕。"

译 文

子夏说:"当官有余就去学习,学习有余就去当官。"

解 析

一、仕。当官是实践活动,是实行大道。

二、学。学习是理论活动,是获得大道。

19.14

子游曰:"丧致乎哀而止。"

译 文

子游说:"守丧达到哀痛就止。"

解 析

一、丧。守丧要内外一致,既要礼,也要哀。

二、哀。哀伤要有度,既要合乎礼仪,也要保护身心。

19.15

子游曰:"吾友张也为难能也,然而未仁。"

论孔子

译　文

子游说："我的友人子张是难能可贵了，但没有达到仁。"

解　析

一、难能。其为人有难能可贵之处。

二、未仁。其未能达到无欲而行道。

19.16

曾子曰："堂堂乎张也，难与并为仁矣。"

译　文

曾子说："子张堂堂皇皇，难以与他一起为仁。"

解　析

一、堂堂。此为言高行远。外有余而内不足，不是真正的为仁。

二、为仁。此是行为、思想和语言的合一。

19.17

曾子曰："吾闻诸夫子：人未有自致者也，必也亲丧乎！"

译 文

曾子说："我听老师说过：人一般未有达到自己情感的充分极致的表露，一定是在双亲死亡的时候才如此吧！"

解 析

一、自致。人的情感之所以一般没有充分地表露，是因为各种礼仪规范束缚了人的言行。

二、亲丧。父母丧亡时，人表现出巨大悲痛乃至号啕大哭。这是出于血缘关系的本能情感。它超出人在其他场合受礼仪规范的情感表达形态。

19.18

曾子曰："吾闻诸夫子：孟庄子之孝也，其他可能也；其不改父之臣与父之政，是难能也。"

译 文

曾子说："我听老师说过：孟庄子的孝行，其他的都是可能做到的；但他不改变父亲的家臣与父亲的政治，是难能做到的。"

解 析

一、可能。一般的孝行，人皆可以做到。

二、难能。特别的孝行，不改父亲的政治，人难能做到。

论孔子

19.19

孟氏使阳肤为士师，问于曾子。曾子曰："上失其道，民散久矣。如得其情，则哀矜而勿喜！"

译　文

孟氏任命为法官，阳肤询问曾子。曾子说："上面失去道义，民心久已离散。你如果得到犯罪的真情，那么就悲哀怜悯他们而不要喜悦！"

解　析

一、上。统治者无道是最大的犯罪。

二、民。上无道导致民心散，故人民易犯罪。

三、得情。得到犯罪的真情后，人要悲哀怜悯他们而不要喜悦。这是无道世代的仁心。

19.20

子贡曰："纣之不善，不如是之甚也。是以君子恶居下流，天下之恶皆归焉。"

译　文

子贡说："商纣的不善，不如现在所说的那么厉害。因此君子厌恶居于下流之处，天下之恶都会归于这里。"

解 析

一、纣。其不善，导致人皆恶之。其不善之名被扩而大之。

二、君子。他要谨慎，防止不善。否则，小恶之行会招致大恶之名。

19.21

子贡曰："君子之过也，如日月之食焉；过也，人皆见之；更也，人皆仰之。"

译 文

子贡说："君子的过错，如同日月之食；他犯过错，人皆见到；他改过错，人皆仰望。"

解 析

一、君子。他光明正大，如同日月。故君子之过，如同日月之食。

二、过。君子有过，人皆见之，故不可文过饰非；改过，人皆仰之，故重获人的尊重。

19.22

卫公孙朝问于子贡曰："仲尼焉学?"子贡曰："文、武之道，未坠于地，在人。贤者识其大者，不贤者识其小者。莫不有文武之道焉。夫子焉不学? 而亦何常师之有?"

论孔子

译 文

卫国的公孙朝向子贡问道:"孔仲尼从哪里学来的?"子贡说:"文、武之道,并未坠落于地,而流布在人。贤者认识到其大者,不贤者认识到其小者。没有哪里没有文武之道。孔夫子何处不学? 而为何要有一个常定的老师呢?"

解 析

一、文武之道。此乃先王的礼乐文化。

二、莫不有。文武之道是人道,故布满人间。它无处不在,无处不有。

三、焉不学。凡知文武之道者皆是师,人皆可向其学。

19.23

叔孙武叔语大夫于朝,曰:"子贡贤于仲尼。"

子服景伯以告子贡。

子贡曰:"譬之宫墙,赐之墙也及肩,窥见室家之好。夫子之墙数仞,不得其门而入,不见宗庙之美,百官之富。得其门者或寡矣。夫子之云,不亦宜乎!"

译 文

叔孙武叔在朝廷对大夫说:"子贡比仲尼贤明。"

子服景伯将此告诉子贡。

子贡说:"譬如围墙,我的围墙只及肩膀,人们可以窥见房屋的美好。

我老师的围墙数丈高，人们不得其门而入，就不能见到宗庙的华美，房屋的丰富。能得其门而入者或许很少罢。武叔所说的话，不也很适宜吗?"

解 析

一、墙。此处用墙之高低比喻孔子和子贡的差异。不同的房子有不同的墙。高房高墙，低房低墙。墙有保护和遮挡作用。高墙难见房，低墙易见房。

二、门。此处用门外和门内比喻人们对于孔子的无知和了解。门是由外入内进入房子的通道。门外难窥见室内之好，门内能亲历房内之美。但门外汉多，门内者少。

19.24

叔孙武叔毁仲尼。子贡曰："无以为也! 仲尼不可毁也。他人之贤者，丘陵也，犹可逾也; 仲尼，日月也，无得而逾焉。人虽欲自绝，其何伤于日月乎? 多见其不知量也。"

译 文

叔孙武叔毁谤仲尼。子贡说："不要这样做! 仲尼是不可毁谤的。他人的贤德，如同丘陵，犹可逾越; 仲尼的贤德，如同日月，不得逾越。人虽欲自绝于日月，但这对于日月又有何伤害呢? 最多表现他不知量。"

解 析

一、丘陵。此比喻一般人的贤德。它虽有一定相对的高度，但可逾越，也是可以诋毁的。

论孔子

二、日月。此比喻孔夫子的贤德。它具有绝对无比的高度，是不可逾越的，也是不可诋毁的。

三、人。此为诋毁孔子的人。人不能伤害孔子，而只能伤害自己；不能掩孔子之美，而只能暴自己之丑。

19.25

陈子禽谓子贡曰："子为恭也，仲尼岂贤于子乎？"

子贡曰："君子一言以为知，一言以为不知，言不可不慎也。夫子之不可及也，犹天之不可阶而升也。夫子之得邦家者，所谓立之斯立，道之斯行，绥之斯来，动之斯和。其生也荣，其死也哀。如之何其可及也？"

译 文

陈子禽对子贡说："你太谦恭了，仲尼岂能比你贤明？"

子贡说："君子一言可表现为智慧，一言也可以表现为不智慧，因此言语不可不慎。孔夫子不可追赶上，犹如天不可沿阶而升。孔夫子如果得到国家从政的话，那么就是所谓的建立就会建立，引导就会行动，安抚就会前来，动员就会同和。他生得光荣，死得哀痛。人怎么能够赶得上呢？"

解 析

一、一言。此可以区分人的智慧和愚蠢，故人要慎言。

二、天。此处用天比喻孔子。孔子如天，是至高无上的，且是不可攀升的。

三、得邦家。此处表明孔子有非凡的治国平天下的才能。

四、生死。孔子生死超凡，非常人所及。

尧曰篇第二十

（共三章）

20.1

尧曰："咨！尔舜。天之历数在尔躬，允执其中。四海困穷，天禄永终。"舜亦以命禹。

曰："予小子履，敢用玄牡，敢昭告于皇皇后帝：有罪不敢赦。帝臣不蔽，简在帝心。朕躬有罪，无以万方；万方有罪，罪在朕躬。"

周有大赉，善人是富。"虽有周亲，不如仁人。百姓有过，在予一人。"

谨权量，审法度，修废官，四方之政行焉。兴灭国，继绝世，举逸民，天下之民归心焉。

所重：民、食、丧、祭。

宽则得众，信则民任焉，敏则有功，公则说。

译 文

尧说："啊！你舜。天的大命已落在你身上，你要诚实地执行中道。如果四海人民困穷的话，那么天给你的禄位就永远终结了。"

舜也这样命令禹。

汤说："我小子履，谨用黑色公牛献祭，昭告光明的天帝：我不敢赦免有罪之人。天帝的臣子不敢隐瞒，天帝的心里是明白的。我身如有罪，就不要

论孔子

牵涉万方；万方如有罪，罪就在我身。"

周朝大封诸侯，让善人富贵。"我虽有至亲，但不如有仁人。百姓有过，责任在我一人。"

谨慎核定衡量的标准，审查长短的法度，修复废弃的官职，天下四方的政令就能通行了。兴起灭掉的国家，承继断绝的世代，举荐隐逸的民众，天下的人民就会归心。

所重视的事情：人民、粮食、丧礼、祭祀。

《姜太公画像》

宽厚就会得到民众，诚信就会有人民的信任，勤敏就会有功绩，公平就会人民喜悦。

解　析

一、尧、舜、禹。尧说给舜并传给禹的话的核心是天。

1. 帝王要明白天命授予给了自己。

2. 帝王要执行中道。中道就是天之道。

3. 天要帝王让天下人民富足。

二、汤。汤的誓言的核心是天帝。

1. 天帝知道一切。

2. 我不敢赦免和隐瞒。

3. 我承担一切罪责。

三、周。周朝的话的核心是人。

1. 仁人超过亲人。

2. 我替民担当罪过。

四、孔子。其关键有：

1. 制定制度。谨权量，审法度，修废官。

2. 继承传统。兴灭国，继绝世，举逸民。

3. 重视民生。所重：民、食、丧、祭。

4. 主张德政。宽、信、敏、公。

20.2

子张问于孔子曰："何如斯可以从政矣？"

子曰："尊五美，屏四恶，斯可以从政矣。"

子张曰："何谓五美？"子曰："君子惠而不费，劳而不怨，欲而不贪，泰而不骄，威而不猛。"

子张曰："何谓惠而不费？"

子曰："因民之所利而利之，斯不亦惠而不费乎？择可劳而劳之，又谁怨？欲仁而得仁，又焉贪？君子无众寡，无小大，无敢慢，斯不亦泰而不骄乎？君子正其衣冠，尊其瞻视，俨然人望而畏之，斯不亦威而不猛乎？"

子张曰："何谓四恶？"

子曰："不教而杀谓之虐；不戒视成谓之暴；慢令致期谓之贼；犹之与人也，出纳之吝谓之有司"。

译 文

子张问孔子说："如何可以从政？"

孔子说："尊重五美，摒弃四恶，这就可以从政了。"

子张说："何谓五美？"孔子说："君子自己惠施而不耗费，烦劳人民而不怨恨，意欲而不贪婪，安泰而不骄傲，威严而不凶猛。"

子张说："何谓惠而不费？"

孔子说："根据民之所利而有利于他，这不也就是自己惠施而不耗贪费吗？选择可劳之时而烦劳他，又有谁怨恨呢？自己欲想仁而得到仁，又哪需贪婪？君子无人众人寡，无事小事大，从无怠慢，这不也是安泰而不骄傲吗？君子正其衣冠，正其目光，庄严而让人望而生畏，这不也是威严而不凶猛吗？"

子张说："何谓四恶？"

孔子说："不教育而杀戮就叫虐；不告诫而要看成果就叫暴；开始慢怠突然限期就叫贼；给人财物，出纳吝啬就叫有司。"

解 析

一、五美。此为仁政。其中两种行为对民：惠而不费，劳而不怨；三种行为对己：欲而不贪，泰而不骄，威而不猛。

二、四恶。此为暴政：不教而杀谓之虐、不戒视成谓之暴、慢令致期谓之贼、出纳之吝谓之有司。

三、为政。其关键是区分仁政和暴政。人要施仁政，去暴政。

20.3

孔子曰："不知命，无以为君子也；不知礼，无以立也；不知言，无以知人也。"

译 文

孔子说："不知道命运，就不可能成为君子；不知道礼制，就不可能树立自己；不知道言语，就不可能知道他人。"

解　析

一、知命。此为知天道。

1. 命是天的命令。

2. 它规定了人的命运。

3. 此命运幽明隐显。

4. 人知命，然后立命，自己把握自己的命运。

二、知礼。此为知人道。

1. 礼是天人秩序，是人的游戏规则。

2. 在礼中，人实现自己的命运。

三、知言。此为知他人。

1. 人知道语言的是非、善恶和美丑，并由此知道人的是非、善恶和美丑。

2. 唯有如此，人才能建立我与他人的关系，共同生活在这个世界之中。

四、三知。

1. 此三知包括了知天道（命）、知人道（礼）和知他人（言）。这也就是知道人所在的世界整体的存在真相和真理。

2. 唯有知，才能行。同时，不仅知，而且行。

3. 人依天道而行，依人道而行，与他人共同而行。从而，天人相交，天人共在。这就是仁的完美实现。

第二部分

《论语》论述

第 一 章 道

道是中国思想的基本问题，也是孔子思想的核心主题。

但一般认为，孔子关注的只是现实生活，宣扬的是一些仁爱学说，很少谈到道本身。"夫子之文章，可得而闻也；夫子之言性与天道，不可得而闻也。"(5.13)① 人们只知道孔子关于文献的学问，而不知道他关于性与天道的思想。但这并不意味着孔子没有言说性与天道。因为性与天道的问题是中国思想中的最高部分，所以孔子关于它的言说是有界限的。他必须考虑向谁说和如何说的问题。他因材施教，可能对大部分学生没说，而对小部分学生说了。因此，人们认为孔子可能有隐瞒和秘传。他所隐瞒和秘传的也许就是关于性与天道的学说。但孔子自己和他人都否定了这一点。其实，孔子在《论语》的许多地方都谈到了道。但人们对此也不以为然，认为即使孔子谈到了道，也没有如同老庄那样对道本身进行专门的思考和论述。这种说法有其正确性。但孔子的日常言谈既平常也非常，微言而大义。

孔子体道的根本路径是下学而上达。下学是形而下，上达是形而上。他下学万事万物的知识，上达到那唯一的道本身。孔子一方面将形而下的问题上达为形而上的问题，另一方面将形而上的问题化为形而下的问题。这是理解孔子思想的关键之处。没有下学，就没有上达的基础；同时，没有上达，就没有下学的目的。这两者不可偏废。如果片面地把孔子把握

---

① 本书以下所引《论语》均只在引文后标明其所在的篇章编号。

论孔子

成下学者的话，那么他只是一个博学者；如果片面地把孔子说成上达者的话，那么他只是一个玄学家。但孔子是下学形而下和上达形而上的完美结合。在人间去体道，由道来行人间。

道在孔子思想中占据主导性的地位。它规定了天命、礼乐、为仁和为政等个别问题。

一、道的意义

道在汉语中是一个被广泛使用的语词。其本意是人所行走的道路，也就是往来通行的地方。其转意是人和物存在的原则和方法，以及关于它们思考的理论和言说。

但道在孔子的思想中具有独特的意义。它大致有如下几种：

第一，道路。它是大地上的道路。如道听而途说等。这种道路为人所行走。

第二，天道。它是天自身的道路，或者是自然自身展开和显示的道路。它的语言表达为天和命。天道对于人的规定就是天命。

第三，人道。它是人所行走的道路。但它不是大地上的道路，而是世界上的道路。

人的道路有很多。世界上呈现出不同的道路，人也行走在不同的道路上。但只有合乎天道的人道才是正道。这种正道在历史上是已经实行过的。如先王之道、文武之道。先王之道是夏商周三代先王所行走的道路；文武之道也属于先王之道，但主要是周文王和周武王所行走的道路。

在中国历史上，为先王所行走的道在根本上是礼乐文化。因此，道具体地理解为礼乐之道。

但孔子以仁释礼。因此，道不仅被规定为礼，也被解释为仁。孔子的人道既是礼乐之道，也是仁爱之道。

　　人道最集中地体现为一个国家的道路，也就是天下之道。天下之道可能合乎天道，也可能不合乎天道。孔子将它区分为有道和无道。合乎天道的天下之道是有道，是道的实现；不合乎天道的天下之道是无道，不是道的实现。有道是无欲的，无道是有欲的。因此，有道和无道的区别实际上是道与欲的区别。有道和无道具体地表现为礼乐等的不同。"天下有道，则礼乐征伐自天子出；天下无道，则礼乐征伐自诸侯出；自诸侯出，盖十世希不失矣；自大夫出，五世希不失矣；陪臣执国命，三世希不失矣。天下有道，则政不在大夫；天下有道，则庶人不议。"（16.2）有道和无道区分的关键在于，谁是天下的规定者。当天子是规定者的时候，天下是有道的；当诸侯是规定者的时候，天下是无道的。为什么？天子是天地之子，是替天行道者。而诸侯是被天子所支配的。天子统治天下是合乎礼乐的，是合于道的；而诸侯统治天下是不合乎礼乐的，是不合于道的。有道是正义的、光明的；无道是邪恶的、黑暗的。

　　不仅国家可区分为有道和无道，而且人也可以区分为有道和无道。不同的人可能走不同的道路，有道者从道，无道者从欲。这可表现为直道和枉道。直道是遵道而行，枉道是背道而驰。鉴于走不同的道，人也区分为不同的类型。其主要类型就是君子和小人。君子怀道，小人怀欲。君子与小人行走在不同的道路上。"道不同，不相为谋。"（15.40）这在于他们的道路无法交集。

　　第四，道理。它是思想、学说和主张等。无论是天道，还是人道，它们不是遮蔽的，而是显示的。但天道和人道唯有被思考和言说出来，它们才能显现出来。道理作为语言形态在本性上是关于天道和人道的思考，并且就是它们的表达。当然，不同的人会形成不同的思想学说，言说不同的道理。孔子也有他自身的道。"吾道一以贯之。"（4.15）这意味着，孔子不仅有自身的道，而且只有唯一的道。它贯穿了孔子思想的始终。人们甚至将孔子唯一的道表述为忠恕之道。

第五，言说。如夫子自道。这种道指人的语言言说行为。

天道、人道和道理虽然各不相同，但它们都被道本身所规定。道实际上是事物自身生成的道路，也就是存在的真相和真理。天道、人道和道理是道自身的不同层面。天道在天，人道在人，道理在言。三者是可以相通的。

二、中庸即道

什么是道自身的本性？在孔子看来，道自身的本性正是中庸。据此，孔子之道就是中庸之道。

在日常语言中，中庸常被误解。它一般被认为是一种没有是非判断的折中的态度，或者是一种平常的和平庸的状态。总之，中庸的日常用法并不具备积极的意义，而只有消极的意义。当人们要确定一种是非判断的时候，他正是要放弃中庸；当人们要成为卓越和优秀的时候，他正是要突破中庸。

与日常语言的用法不同，儒家思想对于中或者中庸赋予了特别的内涵。最早儒家注重了中或者中庸的方法论意义，认为它摆脱了左右偏见，是一种不偏不倚把握事物本身的方法。但孔子则把中庸看成了德的显现。"中庸之为德也，其至矣乎！民鲜久矣。"（6.29）它不是一般的德，而是至德，也就是最高的德。但德是道的实现，尤其是在人身上的实现。因此，中庸作为至德就是至道。一方面，中庸是道自身的根本本性，它贯穿天道和人道；另一方面，中庸是人存在于世的方法，它规定并指导了人们的生活、思想和言说。但中庸遮蔽自身，同时被遮蔽。因此，民众鲜有中庸之德。唯有有道者才有中庸之德。

但中庸就其自身而言究竟有什么含义？中一般指中央、中心、中间等。这往往会被理解为与边缘相对的核心。如果对事物区分为核心和边缘的话，那么这不免落入了二元论的窠臼。但中庸的中并非如此，所谓的中是正中或中正。中意味着它不是事物之外，而是事物自身。当一个事物如其自身的本性去存在的时候，它就是中。同时，当人们对一个事物如其自身而把握的时候，这也是中，而且具体化为切中。在我们分析了中的意义之后，还要分析庸的意义。虽然庸一般和平庸相关，甚至还会关联到庸俗，但这并非是庸的本意。庸真正的意义是平常的和普遍的。正是如此，它才可能变形为平庸的和庸俗的。庸的普遍性不仅是空间意义上的，即遍及天人，而且是时间意义上的，即成为永久。于是，庸就是普遍性和永恒性的结合。这种普遍性和永恒性不是其他什么事物的特性，而就是中的本性。由此而来，中和庸是相互规定的。中是庸的中，庸是中的庸。按照对于中和庸的如此理解，无论是就它们各自分别而言，还是就其结合的整体而言，都是指事物自身的普遍性和永恒性的道。

当中庸理解为事物的正中性、普遍性和永恒性时，它就是事物的本体。所谓本体是事物自身存在的根据，它使一个事物作为一个事物成为可能。正是中庸使一个事物成为了一个事物。它让天成为天，让人成为了人。据此，天道是中庸，人道也是中庸。在这样的意义上，中庸就是天与人存在的真相与真理。因此，中庸之道应理解为：中庸即道，道即中庸。

因为中庸是至德，所以人要遵循中庸之道。孔子正是根据中庸之道作为自己的行为原则。他保持中道，遵道而行。"君子之于天下也，无适也，无莫也，义之与比。"（4.10）君子之所以对于万事万物既不既定顺从，也不既定反对，是因为他没有怀有自己的欲望而设定既有的立场和观点。君子并非取消是非，而是顺从大道，践行正义。

孔子也用中庸之道判断他人。"不得中行而与之，必也狂狷乎？狂者进取，狷者有所不为也。"（13.21）中行即中道而行者。狂者过之，狷者不及。这两种类型的人都违反了中庸之道。"过犹不及。"（1.16）不及中道和超过中道都不是中庸之道。这两者并无优劣可言，而是彼此一般。

因此，孔子以中庸为尺度来指导那些非中庸者。"求也退，故进之；由也兼人，故退之。"（11.22）无论进退，都是为了使之去掉非中庸，而达到中庸。

孔子还用中庸之道来评论事物。"《诗》三百，一言以蔽之，曰：'思无邪。'"（2.2）《诗》毫无偏邪，就是纯正。这里所谓纯正无非就是人的心灵中正的表达。"《关雎》，乐而不淫，哀而不伤。"（3.20）欢乐就是欢乐，它是中正的。淫荡则是欢乐的极端化，它不是中正的；哀伤就是哀伤，它是中正的。伤痛则是哀伤的极端化，它不是中正的。《关雎》保持了中正，避免了非中正。

中庸之道还形成了一种典型的语言表达式：一个事物是什么，同时不是什么。这就是说，一个是事物是其自身，而不是非其自身。在肯定中，一个事物保持自身；在否定中，一个事物去掉非自身。

三、道与欲

在论道的同时，孔子也说到了其对立面：欲。

欲望是人生存的一个原初的事实。人生而有欲，人死而无欲。虽然人的欲望有很多，但生之大欲是食欲和性欲，也就是食色二字。人的基本生存就是欲望的冲动和满足过程。其中，食欲和性欲占有首要的地位。由欲望出发，人制造实现欲望的工具，并接受大道的指引。因此，人首先是好欲，而不是好道。孔子说："吾未见好德如好色者也。"（9.18）这符合人日常存在的现实性。好德是好道，好色是好欲。一般人被欲望所规定，当然是好色超过好德。唯有那些特别的人如圣人被大道所规定，才能够好德超过好色。

但孔子所批判的欲或者欲望并非是人的一般的欲望，而是过分的欲望，亦即贪欲。人的欲望有其自然和社会的边界。在边界之内，欲望是正常的；在边界之外，欲望是不正常的。贪欲是超过了边界的欲望。贪欲不仅超出了一般欲望的边界，而且会演变为欲望的欲望。这种欲望就成为了无限的欲望。

人当然有欲望，而且每个人都有各自的欲望。但欲望只是人的一部分，而不是人的全部。同时，不是欲望规定人，而是人规定欲望。但当人只是被欲望所充满的时候，人就被欲望所左右了。人的欲望受制于所欲望之物。人被欲望所支配也就是被欲望之物所支配。人不是以自身为依据，而是以外物为依据。于是人就不是自己的主人，而是物的奴隶。这样的人是软弱的，而不是刚强的。孔子说："枨也欲，焉得刚？"（5.11）这就是说，无欲则刚，有欲不强。

贪欲不仅会扭曲人自身，而且会导致人与他人的纷争。孔子说："放于利而行，多怨。"（4.12）利益是所欲之物为欲望自身所带来的利益。人从欲望出发，为了获得所欲之物，必然导致争夺。利益获得者和未获得者之间就会产生怨恨。一个充满怨恨的世界一定不是一个和平的世界，而是一个大乱的世界。

如果欲望而非大道去规定天下的话，那么天下就不是有道，而是无道了。孔子反对由欲望所导致的世界的无道。无道有多种表现，如怪、力、乱、神等。"子不语：怪、力、乱、神。"（7.21）怪是怪异，与平常相对。力是强力，与德性相对。乱是叛乱，与安治相对。神是鬼神，与人类相对。孔子不语也就是不谈论。但不语不仅是不谈论某物，而且是不思考某物，也不让某物去存在（至少不作为世界的根本存在者）。同时，孔子罕见言说利益。"子罕言利，与命与仁。"（9.1）这不仅是指极少言说利益，而且是指否定利益。孔子不仅谈论命运和仁爱，而且赞成命运和仁爱。所谓的利是欲望，所谓的命和仁是大道。

根据孔子的观点，君子小人之别在根本上也是大道和欲望的差别。"君子喻于义，小人喻于利。"（4.16）义是道义，利是利欲。君子被大道所规定，小人被利欲所规定。

孔子对于人好欲不好道表示忧心。"德之不修，学之不讲，闻义不能徙，不善不能改，是吾忧也。"（7.3）但孔子主张一个真正的士不应为欲望所支配，而要被大道所指引。"士而怀居，不足以为士矣。"（14.2）人不要以欲害道，而要以去欲求道。人要放弃自身的生存之欲而成就大道的实现。

四、道与技

人为了实现自己的欲望，必须使用工具。这就是最广义的技术和技艺。同时，人为了达到大道也必须借助工具。正是因为如此，技一方面和欲望发生关联，去满足欲望；另一方面和大道发生关联，去推进大道。可以说，没有工具和技术，欲望是空洞的，大道也是虚幻的。

但孔子及其弟子所说的技或者艺主要不是指一般的技艺，而是指六艺，亦即礼乐射御书数。礼是礼制；乐是音乐；射是射箭；御是驾车；书是文字书写；数是理数和气数。每一种技艺都有自身的独特内容和相应的训练方法。

孔子要求人们能够"游于艺"（7.6）。人能畅游于技艺之中，是人对于技艺的高度把握，而达到了人技合一。这种自由自在的状态能给人带来身心的愉悦。人从技艺中不仅可以满足欲望，而且可以通达大道。"百工居肆以成其事，君子学以致其道。"（19.7）百工制造实现欲望的器具，而君子学习通达大道的技艺。君子所学虽多，但主要是六艺。通过六艺的学习，君子最终把握大道。

孔子为了谋生，也掌握了一些技艺。"子云：'吾不试，故艺。'"（9.7）但孔子追求的是道不是艺。这在于"虽小道，必有可观者焉；致远恐泥，是以君子不为也"（19.4）。人如果只是拘泥于技艺的话，那么他就只能成为一个匠人。这阻碍他成为一个有道的君子。因此，人要超出技艺，走向大道。

五、人与道

道给人的存在划分了边界。它指出哪些是可以存在的，哪些是不可以存在的。它既划分了欲望的边界，也划分了工具的边界。人由此行走在正确的大道上。

孔子强调了道对于人生的重要性。孔子说，一个人要"志于道，据于德，依于仁，游于艺"（7.6）。道、德、仁和艺是人生最重要的几个事情。道是大道，是天地人的根本。人要志向于道。德是德性，是道在人身上的实现。人要根据于德。仁是仁爱，是人道，是全德。人要依靠于仁。艺是技艺，尤其是六艺。艺是通达道的手段。人要畅游于艺。但比起德、仁、艺等来说，道具有优先的地位。此外，道贯穿于德、仁、艺之中。因此，"朝闻道，夕死可矣！"（4.8）人一旦闻道就可以去死，可见道就是人生的终极意义。

既然道是人的生命的根本规定，人就要主动积极地追求道。"人能弘道，非道弘人。"（15.29）虽然道不远人，但道不是现成地摆在那里，或者主动地向人走来。道只有依靠人的思考和行为才能将自身显示出来，并成为人的规定。当人弘扬了道，道也弘扬了人。这就是说，当人是道的思考者和实践者的时候，道指引人而让人成为一个真正的人。

如果人求道的话，那么他就要去欲。这在于道与欲是对立面。"士志于道，而耻恶衣恶食者，未足与议也！"（4.9）士追求的是道而不是欲。当人还充满欲望并贪恋物质享受的时候，他就不可能去追求道。这种人也不可能成为一个真正的士。

为了道，人不仅要去掉欲望，而且要放弃满足欲望的技艺或者手段。

论孔子

"君子谋道不谋食。耕也,馁在其中矣;学也,禄在其中矣。君子忧道不忧贫。"(15.32)如果一个人不谋道而谋食物的话,那么他可能既无道也无食;如果一个人谋道而不谋食的话,那么他可能既得道也得食。这在于虽然道不是食物,但能带来食物。相反,食物不是道。如果没有道的指引的话,那么人的谋食的行为也会成为一个没有功用的行为。在这样的意义上,比起欲望和技艺,大道对于人是更重要的。

孔子赞美先王大禹无欲而有道的伟大事迹。"禹,吾无间然矣。菲饮食而致孝乎鬼神,恶衣服而致美乎黻冕,卑宫室而尽力乎沟洫。禹,吾无间然矣。"(8.21)大禹不追求自己欲望的满足和享受,而是效力于鬼神和人民。他顺天之道,顺人之道。

孔子也赞叹学生颜回是无欲有道的典范。"贤哉,回也!一箪食,一瓢饮,在陋巷,人不堪其忧,回也不改其乐。贤哉,回也!"(6.11)颜回不因生存物质的匮乏而忧愁,反而因与道同在而快乐。他不忧人所忧,而乐己所乐。

孔子不仅肯定他人无欲而有道,而且自己切实地实行去欲求道。"富而可求也,虽执鞭之士,吾亦为之。如不可求,从吾所好。"(7.12)他对于欲望进行区分。一种是可以实现的欲望,是合于道的欲望;另一种是不可以实现的欲望,是不合于道的欲望。他当然是选择道而不是欲。孔子还区分了道和欲所带来的快乐和不乐。"饭疏食饮水,曲肱而枕之,乐亦在其中矣。不义而富且贵,于我如浮云。"(7.16)一种是无欲有道,其乐融融;一种是无道有欲,其乐空空。

虽然道是人的安身立命之所,但依据天下有道和无道,人们也要树立不同的处世态度。"笃信好学,守死善道。危邦不入,乱邦不居,天下有道则见,无道则隐。邦有道,贫且贱焉,耻也;邦无道,富且贵焉,耻也。"(8.13)鉴于天下有道和无道,人要选择是否显隐。其标准是人与道同一。天下有道,是道自身的显现。因此,人也要显现于世,富且贵。天下无道，是道自身的遮蔽。因此，人也要遮蔽于世，贫且贱。显和隐还具体化为人的不同的言行。"邦有道，危言危行；邦无道，危行言孙。"(14.3) 无论是天下有道还是无道，人的行为都应该是正直的。但与行为不同，人的言语应有所分别。有道时要正直，无道时要谦逊。

　　孔子的以道制欲的思想为其内圣（为仁）外王（为政）提供了根本性的基础。

第二章 天命

　　孔子关于天道的思考集中表现在他的天命观上。其天道就是天命。

　　孔子反对作为人格神的天。在孔子之前，人们信奉帝和天。帝就是上帝、天帝。它虽然无名无姓，无形无体，却是天地间的最高主宰，支配了世界和人的命运。与帝不同，天虽然具有自然形态，但是它被人格化和神秘化。因此，它成为了一个最高的人格神。虽然孔子也说到天，但他所说的天与传统的天有根本的差异：后者的天是神性的，而前者的天是非神性的。

　　孔子不仅淡化了天的人格神的意义，而且也反对各种天地间的鬼神观念。他关注的是人的日常生活世界的问题，而不是那种超出了这个世界的各种奇异和神秘的现象。这些神秘现象虽然可能是存在的，但比起平常的事件，它们对于人类的生活缺少重要性。同时，神秘现象既然神秘，那么人也就无法找出其原因并解决它。因此，对于神秘现象的关注只能沉溺于一种虚幻的好奇之中。孔子意识到了这一点，故他最基本的态度是人与鬼神世界相分离。"务民之义，敬鬼神而远之，可谓知矣。"（6.22）在天地间，鬼神是人之外的特别的存在者。其中，鬼是不死的死者；神是不死的生者。虽然它们是人的相关者，但它们都遮蔽自身，不显现自身。此处的智慧在于，人远离鬼神正是回到了人们所在的生活世界自身。

　　于是，不是鬼，而是人，不是死，而是生，才是孔子思考的主题。孔子强调："未能事人，焉能事鬼？""未知生，焉知死？"（11.12）此处并非意指只需事奉人，而不需事奉鬼，而是强调只有事奉了人，才能事奉鬼。这在于鬼是人的终结。事人之道，方能事鬼之道。此处也并非意指只需知道生，而不需知道死，而是强调只有知道了生，才能知道死。这在于死是生的终结。知生之道，方能知死之道。因此，在生活世界中，人比鬼具有优先性，同时生比死具有优先性。人只有解决了人和生的问题，才能解决鬼和死的问题。但只要人活着，人就无法完全解决人和生的问题。这实际上否定了鬼和死在生活世界中的重要性。显然，人及其生活是最根本的事情。为什么？在孔子那里，只有一个人的世界，也就是人生活的世界。孔

清·黄慎《苏武牧羊图》

论孔子

子不相信此岸和彼岸两个世界的分离。对他而言，既没有一个与人对立的鬼的世界，也没有一个在生之后的死的世界。

鉴于这种对于鬼神的态度，孔子并不注重对于鬼神的祈祷。"王孙贾问曰：'与其媚于奥，宁媚于灶，何谓也？'子曰：'不然。获罪于天，无所祷也。'"（3.13）在天地之间，有神有人。但天是最高的，规定了神和人。神不是最高的，而只是天地间的一个特别存在者。虽然神可能和人发生关联，但人在根本上是服从天的规定。人不仅无须祈祷一般的神，而且也无须祈祷最高的神。当孔子生病了，子路请求代为祈祷鬼神。但孔子认为对于上下神祇的祈祷无助于疾病的治疗。

孔子相信，既非天帝，也非鬼神，而是天才是世界的主宰。那么天到底意味着什么？

虽然孔子的天具有多重意义，但其主要的只有两种：一种是自然之天，另一种是类人之天。

就自然之天而言，它是天地的存在及其运转。"天何言哉？四时行焉，百物生焉，天何言哉？"（17.19）。天没有任何意志和言说，顺任时间和空间的变化和万事万物的生成。事实上，天就是四时和百物，是自然界自身。人不同于天，但人生天地间。

如果说天就是天地万物的话，那么什么是天的本性？天的本性不是其他什么特性，而就是生。天的生是生而又生，生生不息。它如同奔腾的河流。"逝者如斯夫！不舍昼夜。"（9.17）流逝不仅是过去，而且是包括了过去、现在和将来的无限整体。流逝是这种永远的生成。天旋地转，日出日落，月明月暗，春去秋来，暑尽冬临。如此反复不已，轮回永恒。

就类人之天而言，天依然保持了某种程度上的人格的意味。天有类似人的知情意，但又超出了人的知情意。

天有认知。如，"知我者其天乎！"（14.35）此处所指的天是有意识的，能理解人的。

天有情感。如，"天厌之！天厌之！"（6.28）这里的天怀有爱与恨。

天有意志。如，"天丧予！天丧予！"（11.9）这所说的天具有主动行为的能力。

天是人的文化的根据。"天之将丧斯文也，后死者不得与于斯文也；天之未丧斯文也，匡人其如予何。"（9.5）天可让文化丧失，也可让文化保存。

天是人的道德的基础。"天生德于予"（7.23）。天将道德赋予了我，或者说，我的道德是天生的。"固天纵之将圣，又多能也。"（9.6）天让孔子成为了圣人。

天授命于帝王。"天之历数在尔躬，允执其中。"（20.1）天把天下的重任托付给了帝王。

天是帝王的法则。"唯天为大，唯尧则之。"（8.19）天树立了榜样，帝王仿效它。

为何天具有类人的知情意并能成为人的规定？这在于天人具有一种神秘的关系。这就是说人在天中，天在人中。一方面，人在天中，故人要顺从天；另一方面，天在人中，故天知晓人的一切。在这样的意义上，天无处不在，无时不在。天成为了人的规定。

作为人的规定的天就是命，故孔子有天命之说。

命是什么？命是命令，也就是支配、安排和规定等。对于孔子而言，命并非人的命令，而是天的命令。所谓的命在根本上就是天命。

作为自然的命令，天命规定了世界万物的发生和人的生活。"道之将行也与？命也；道之将废也与？命也。"（14.36）一种道理或者主张是否可以实现，并不在于主张者或者反对者的个人意志，甚至也不在于大众的接受或者拒绝，而是在于天命自身是如何安排的。天命是主宰一切的力量，但它绝对不是任何人格神的作用，而是自然的运作。

天命限定了人的生命，也就是人的生死。对于人而言，天命是人无法控制的力量。"死生有命，富贵在天。"（12.5）人或生或死，或富或贵，并非是人自身的意愿，而是天命的限定。孔子探访重病的伯牛时感叹道："亡之，命矣夫！斯人也而有斯疾也！斯人也而有斯疾也！"（6.10）一个人不应该有这样的疾病，但一个人事实上却有了这样的疾病。人的身体的疾病及其康复不是人的意志可以改变的，而是天命所安排的。

如此理解的天命具有必然性的意义。作为自然的命令，天命是正义的和永恒的。它只是善的，不是恶的，并成为了人类一切价值的基础和生活追求的目标。

但天命不仅有必然性的意义，而且也有偶然性的意义。时命是天命在某种历史时间中的表现形态，也就是时势和时运。天下有时是有道的，有时是无道的。但时命不是必然的，而是偶然的；不是永恒的，而是短暂的。于是，时命有时是公正的，有时是不公正的，有时是善的，有时是恶的。一般而言，它主要凸显的不是前者，而是后者。如果说天命是肯定的、积极的话，那么时命是否定的、消极的。孔子自身就经常有关于时命不济的经验，如大道不行等。但时命最终要归于天命。

实际上，天命和时命一起构成了人的命运。可以说，人们就是生活在天命和时命所规定的道路上。

因为天命有必然性和偶然性，所以它有明有幽。就它光明的一面而言，它是显现的，是可知的；就它幽暗的一面而言，它是遮蔽的，是不可知的。命运的光明和幽暗特性是同时存在的。光明中有幽暗，幽暗中有光明。这就形成了命运的神秘性。

孔子强调人要"畏天命"（16.8），这要求人承认天命的存在。它不仅先于人的存在，而且高于人的存在。因此，人不可轻视它，反抗它，而要敬畏它，听从它。

但孔子主张，人不仅要敬畏命运，而且要认识命运。"不知命，无以为君子也。"（20.3）君子是知道命运的人，同时也可以说，小人是不知道命运的人。当人知道自己的命运的时候，命运就不再是黑暗的，而是光明的；不是外在于人的，而是内在于人的。只有敬畏并认识了天命，人才可能成为一个真正的人。

更重要的是，人要立命。人要按天命的规定而行，而不要越过天命的边界而为。人由此能够把握自己的命运，让人的道路和命运的道路合而为一。

第三章 礼乐

如果说孔子所说的天道是天命的话，那么他所说的人道就是礼乐。

在孔子之前，人们早已用礼乐来规范人的生活。人从生到死有许多重大的礼节，如冠礼、婚礼、丧礼和祭礼等。同时，人的日常生活也有许多礼仪规定。一般而言，礼别异，乐同和。礼不仅标明了差异，而且划分了等级，确定了天地人（或天地君臣父子）之间的先后高低秩序。与礼不同，乐让天地人和谐生存，故大乐与天地同和。虽然乐与礼不同，但乐并不独立，而是属于广义的礼制，并被礼所规定。因此，乐要合于礼制，而不能违反礼制。在这样的意义上，人们既可以分称礼与乐，也可以将礼乐合称为礼。

但礼究竟是什么？它是世界最根本的游戏规则，从而支配了人们的存在、思想和语言。它表现为法律、道德、信念和生活习惯等。礼是一个极为复杂的系统。一般而言，礼包括了礼制和礼仪等。一方面，它具有道的层面，是礼制，是关于天地人的制度；另一方面，它具有技的层面，包括了礼仪（礼器、礼貌）等具体的活动方式。另外，礼既有成文的，也有非成文的。

礼作为人道给人的存在确定了一个边界：哪些是可以存在的，哪些是不可以存在的。具体地说，礼给欲望和工具确定了边界。因此，作为区分意义的礼就是礼节。但当礼要求人们尊重的时候，它就是礼敬和礼让；当它是人的仪表的表现的时候，它就是礼文。

礼作为人道虽然合乎天道，但并非是自然形成的，而是人类制作的。

在中国历史开端处，夏、商、周三代的圣王制礼作乐。因此，礼乐之道也是先王之道。"礼之用，和为贵。先王之道，斯为美；小大由之。"（1.12）先王的礼乐之道区分天地人并使之和谐存在。这为人类开辟了一条文明的大道。

但礼并非是一成不变的，而是与时俱进的，它从建立经修改到完善，经历了一个过程。后代对于前代的礼均有所损益。"殷因于夏礼，所损益，可知也；周因于殷礼，所损益，可知也。其或继周者，虽百世，可知也。"（2.23）损为废除，益为增加。但周是集大成者。"周监于二代，郁郁乎文哉！吾从周。"（3.14）因此，

清·任颐《雪中送炭图》

论孔子

先王之道的高峰是文武之道。其中一个重要的人物是周公。他最终完成了周代的礼乐制度，由此也成为孔子梦想中的圣人。

但孔子生活在一个天崩地裂和礼崩乐坏的时代，也就是一个无道的时代。天崩地裂是天道衰微，礼崩乐坏是人道破坏。礼制规定了天子、诸侯、大夫不同的权利和义务，但诸侯、大夫却敢逾越礼制，而天子也无力干预。孔子批评季氏用天子才能享用的舞乐："八佾舞于庭，是可忍也，孰不可忍也？"（3.1）孔子还批评季氏祭拜天子才能祭拜的泰山："呜呼！曾谓泰山不如林放乎？"（3.6）如此等等，不一而足。

针对这种情况，孔子的根本使命就是恢复礼制，让礼重新成为世界的绝对规则。不仅国家要遵守礼制，个人也要遵守礼制。"非礼勿视，非礼勿听，非礼勿言，非礼勿动。"（12.1）礼成为人的生活的边界。合于礼的生活是允许的，是能言说、思考和存在的，不合礼的生活是不允许的，是不能言说、思考和存在的。通过对于礼制的重建，孔子希望建构一个有序和美好的世界。

当然，孔子的思想并非是对于传统的礼制简单的复归，而是对于它的创造性的转化。

孔子认为，礼或者礼乐并非只是表现在器物层面。"礼云礼云，玉帛云乎哉？乐云乐云，钟鼓云乎哉？"（17.11）礼器是广义的礼的一部分。但礼的重点不是物，而是人。这就是说，礼不是那些用于礼仪的器物，而是那些合于礼制的人。但人的礼也不只是在于礼节和礼貌，而也是在于合于礼制的身心整体活动。"礼，与其奢也，宁俭；丧，与其易也，宁戚。"（3.4）人的内外统一关键在于人的现实存在，也就是一种合于礼制的生活。

既然礼是人的存在的原则，那么礼对于人性的塑造是重要的。仁、知等虽然是人的主要德性，但也要服从礼的规范。"知及之，仁不能守之，虽得之，必失之。知及之，仁能守之，不庄以涖之，动之不以礼，未善也。"（15.33）不仅这些德性要以礼约束，而且人的其他美德也要如此，如恭、慎、勇、直等。"恭而无礼则劳，慎而无礼则葸，勇而无礼则乱，直而无礼则绞。"（8.2）尽管人拥有很多美德，但如果没有礼的规定的话，那么这些美德的极端化会使它自身变成恶行。唯有礼使人的美德成为美德，而让人的人性得到健康成长。

孔子要求以礼立人。"不知礼，无以立也。"（20.3）因为礼是天地人的根本规则，所以人唯有知礼守礼才能在天地间站立和建立。"君子博学于文，约之以礼，亦可以弗畔矣夫！"（6.27）人用礼来约束自己的言行，就会行走在正确的大道上。

孔子认为不仅要以礼立人，而且要以礼治国。"能以礼让为国乎，何有？不能以礼让为国，如礼何？"（4.13）以礼治国就是依据天地人的秩序来治理国家，而不是使用暴力和刑罚。

第四章 学习

天道在此，人道在此。但人唯有学习，才能知天道，知人道。

孔子强调了学习的重要性。这在于人知道主要是通过学习。"生而知之者上也，学而知之者次也；困而学之，又其次也；困而不学，民斯为下矣。"（16.9）他虽然也承认生而知之，但最主要地强调学而知之。他甚至认为他自己也不是生而知之，而是学而知之。

对于人的整体而言，美德和智慧是其最重要的两个方面。人虽然具有了一般君子的美德，但如果他不学习的话，那么他的这些美德也会丧失。"好仁不好学，其蔽也愚；好知不好学，其蔽也荡；好信不好学，其蔽也贼；好直不好学，其蔽也绞；好勇不好学，其蔽也乱；好刚不好学，其蔽也狂。"（17.8）人们即使追求仁、知、信、直、勇和刚等美德，但没有经过学习的教化，这些美德也会成为恶行。这在于，只有通过学习，人们才知道这些美德的真正本性是什么，并能实现这些美德的本性。这表明了学习是人性陶冶中最根本的环节。

但学习是什么？学习就是去知道。一个不知道的人向已知道的人仿效或模仿，通过如此，把不知道的变成已知道的。

如此理解的学习当然包括了教与学两个必需的环节。教师和学生之间最主要的差别在于，一个是已经知道的，另一个是尚未知道和正在知道的。教师正是把已经知道的知识传授给尚未知道和正在知道的学生。但教师作为教育者自身也要受教育。这就是说，已经知道的人还要去知道。因此，一切教育的核心都是学习。

在教学中，孔子主张有教无类。他不分类别，对于一切愿意学习的人都施加教育。这在于，人就其本性而言都有可能去知道。

但教学过程应该因材施教。"君子之道，孰先传焉，孰后倦焉？譬诸草木，区以别矣。君子之道，焉可诬也？有始有卒者，其唯圣人乎!"（19.12）虽然学习有其共性，但也有其个性。因此，对于不同的学生应教授不同的内容，同时还要采用不同的方法和步骤。

孔子的教学注重了诱导。"夫子循循然善诱之，博我以文，约我以礼，欲罢不能。"（9.11）孔子还强调了启发。"不愤不启，不悱不发。举一隅不以三隅反，则不复也。"（7.8）无论是诱导还是启发，它们都是力图让学生由被动变主动，使学习成为积极性和创造性的行为。

如果说教与学作为师生关系是学习中的人我关系的话，那么学习与思考则是人自身作为的两个方面。一般而言，学习是对于新的事物的学习，把不知道的变为知道的；思考是对于旧的事物的反思，把不清楚的变为清

《韦编三绝》（塑像），北京孔庙

论孔子

楚的。学习是思考的前提和基础，思考是对于学习的加工和升华。"学而不思则罔，思而不学则殆。"（2.15）如果没有学习的话，那么思考就是空洞的、毫无意义的。只有建立在学习的基础上，思考才能获得自身不绝的源泉。"吾尝终日不食，终夜不寝，以思，无益，不如学也。"（15.31）孔子自身的经验也表明，一种废寝忘食的艰苦思考不如学习能带来知识的收获。

除了一般性的思考之外，还有一种特别性的思考：反思。反思是内省，是人反身思考自己。孔子的弟子曾子说："吾日三省吾身——为人谋而不忠乎？与朋友交而不信乎？传不习乎？"（1.4）三省吾身强调的不是一蹴而就，而是多次和反复地反省自身。这是人每日必须和持久完成的功课。当然，人是用自己的心来反思自己。这里的心只是心自身。它是真实的、纯粹的和透明的。人用这个心去思考自己已经做了的事情。这也就是说，人要对于自己已有的行为、思想和语言进行再思考，并分辨出哪些是是的，哪些是非的。曾子在此指出了三件最主要的事情：忠、信和习。忠是对自身和对于他人的诚实；信是朋友之间的信义；习是对于老师所传之道的学习。

孔子所说的学习的内容包括很广，既包括书本文献，也包括日常生活。但孔子主要传授四个方面："文、行、忠、信。"（7.25）这也就是文献、行为、忠实、诚信。这既有智育，也有德育；既有内在德性，也有外在行为。

虽然孔子要求学习关于一般的事物的知识，但他强调的主要是关于道的知识。他最核心的教育理念在于，学习首先不是某种专业技能的训练，而是关于人性的培养和塑造，也就是如何求道成仁。"学而时习之"的学习主要是关于道的学习。因此，学习的根本目的是人自己获得道并提升自己的人格境界，而不是显示或者炫耀给他人。"古之学者为己，今之学者为人。"（14.24）为己者是为道义，为人者是为利欲。

但学道并不是追求获得某种神秘的思想和高深的理论，而是建立一种合于道的日常生活的行为。"君子食无求饱，居无求安，敏于事而慎于言，就有道而正焉，可谓好学也已。"（1.14）这里的学习事实上是要求人注意把握衣食住行、言语和行为等方面的边界，不要追求贪欲，而要践行大道。

学习不仅关涉个人生活，而且还关涉各种社会关系。鉴于人的关系的主体就是君臣、父子、夫妻等，学习就要学会对于这些社会关系的处理。"贤贤易色；事父母，能竭其力；事君，能致其身；与朋友交，言而有信。虽曰未学，吾必谓之学矣。"（1.7）这些学习无非是强调人们要服从父子、君臣和朋友之间礼的规范并生发仁的情怀。

在这样的意义上，孔子关于道的学习主要是关于人道的学习，也就是关于礼和仁的学习。从人道出发，人再进一步学习天道，知晓并把握天命。

但除了道的学习之外，孔子也重视技艺的学习。他所传授的六艺也可以理解为六种专业的技艺。其中，孔子认为文艺的学习对于人性塑造具有特别的作用和意义。"行有馀力，则以学文。"（1.6）文是文章、文学和文艺等。文在学习中虽然不是主要的，但是必要的。在广义的文中，诗歌和音乐担任了关键性的角色。"兴于诗，立于礼，成于乐。"（8.8）在这里，诗歌是开端，礼是中间或者是主体，而音乐是完成。

孔子认为诗的功能是多方面的。"诗，可以兴，可以观，可以群，可以怨。迩之事父，远之事君；多识于鸟、兽、草、木之名。"（17.9）这无非是说，诗歌有极其广泛的作用。它有认识作用，知晓自然与社会；具有道德作用，维持家国的伦理秩序；具有审美作用，培养并丰富人的情感。但最根本的，不学诗，无以言。人通过诗歌的学习而获得言说的能力。

当然，孔子所谓的诗歌是成为儒家经典之一的《诗经》。他认为，《诗经》最根本的特性是它表达了无邪纯正的情感，故它是合于人的本性的。人对于《诗经》的学习，也无非是陶冶性情，达到无邪纯正。

论孔子

　　孔子也强调音乐的特别意义。音乐作为和谐的声音就其本性而言是欢乐的和快乐的。音乐对于人的熏陶可以让人保持欢乐的心情，让身心和世界维持和谐的关系。孔子认为优秀的音乐应该尽善尽美，美善合一。"子谓韶，'尽美矣，又尽善也。'谓武，'尽美矣，未尽善也'。"(3.25)这是孔子对于音乐内容的要求。同时，孔子对于音乐的形式也有要求。他认为音乐及其表演是一个包括了不同阶段的过程。"乐其可知也：始作，翕如也；从之，纯如也，缴如也，绎如也，以成。"(3.23)这个过程正是由开端、中间和结尾所构成的事物的整体。

　　孔子认为，学习是为了实践。人所学的知识应付诸行动。"诵诗三百，授之以政，不达；使于四方，不能专对；虽多，亦奚以为?"(13.5)学习和实践要相互补充和促进。"仕而优则学，学而优则仕。"(19.13)但孔子反对褊狭的功利主义。学习不是为了当官发财，这是因为学习不是学欲和学技，而是学道。

第 五 章 知

知在根本上是知道，也就是知晓人和世界的真理。

人只有知道了自己和世界的真理，才能在世界上行走。这意味着人只有认识了一个事物，才能从事于关于这个事物的活动。"盖有不知而作之者，我无是也。"（7.28）孔子反对不知而作，主张知而后作。但人并非生而知之，而是学而知之。除了学习文献等书本知识之外，人最重要的学习就是日常生活的学习，也就是由多闻多见而知道。"多闻，择其善者而从之，多见而识之，知之次也。"（7.28）多闻多见是人尽量打开自己与世界的通道，感受世界发生的事情，并对其进行分析，从而获得真实的知识。

但知道的过程是如何发生的？其实所谓知道就是由无知转变到有知。

孔子说："吾有知乎哉？无知也。有鄙夫问于我，空空如也。我叩其两端而竭焉。"（9.8）这虽然是孔子个人的知道经验，但是它描述了一般知道的普遍特性。知道的过程大致可以分为如下几个环节。

一、无知。无知并非一个价值判断，而是一个事实陈述。它没有任何消极的意味。孔子不仅否认自己生而知之，而且承认自己无知。"知之为知之，不知为不知，是知也。"（2.17）人知道自己知道，也知道自己不知道，由此区分知道与不知道的界限。这就是知道。但无知在追问之中能够变成有知。

二、空空。这是追问的开端。人没有任何对于事物的预先知识，即使有，也要完全排除。这在于人的先见阻碍了人们认识事物的真相。孔子认为人要杜绝知道的偏见有四种。"毋意，毋必，毋固，毋我。"（9.4）不凭

论孔子

空臆想，不必然如此，不固执己见，不自以为是。这四种情况虽然不同，但相互关联。其根本是毋我。毋我就是无我。克制私欲，合于大道。唯有空空如也，人才能彻底敞开自身，并能追问事情本身。

三、叩其两端。这是追问的过程。两端是事物的两端，如始终、左右等。这是事物存在的两重边界。一个事物正是在边界中与其他事物相区分，而成为自身。因此，叩其两端就是就是将一个事物和其他事物相分离，并追问事物自身的本性。

四、竭。这是追问的完成。人找到事物的本性，让其真相显露出来。同时，人自身由无知变成有知，知道了事物的真相。

在讨论知道时，孔子区分了知的类型。它一般可以分为三种。第一种是无知，也就是愚蠢。第二种是假知。它看起来知道事物的真理，但其实并没有知道事物的真理。它是一种貌似智慧的愚蠢。第三种是真知，也就是智慧。它真正地知道事物是什么或者事物不是什么。

孔子认为智慧和愚蠢是绝对不同的。"唯上知与下愚不移。"（17.3）上知是生而知之者，下愚是困而不学者。但困而好学者是能从愚蠢走向智慧的。

但在现实中，智慧和愚蠢并非泾渭分明。有人看起来是智慧，但实际上是愚蠢；有人看起来是愚蠢，但事实上是智慧。不是智慧而是愚蠢的人如臧文仲。"臧文仲居蔡，山节藻棁，何如其知也？"（5.18）动物没有类似人类的智慧，更没有超过人类的智慧。人崇拜动物就是愚蠢。不是愚蠢而是智慧的人如颜回。"吾与回言终日，不违，如愚。退而省其私，亦足以发，回也不愚。"（2.9）他看起来没有个人见解，但实际上能独立思考。还有人能智能愚。"宁武子，邦有道，则知；邦无道，则愚。其知可及也，其愚不可及也。"（5.21）他能依据世道的变化而或显或隐。

孔子认为一个智慧的人要善于辨明迷惑。所谓迷惑就是人被假象蒙蔽了真相。一些现象看起来是好的，但其实是不好的；一些现象看起来是不好的，但其实是好的。这需要人们借助智慧之眼来看清事物的本性，而区分真假，并作出正确的选择和决定。

人要辨明迷惑，就不要被自己的爱恶之情所左右。"爱之欲其生，恶之欲其死。既欲其生，又欲其死，是惑也。"（12.10）人的爱恶之情和他人的生死是分离的，前者不能决定后者。同时，一爱一恶本身也是矛盾的。

人也要克制自己的愤怒之情。"一朝之忿，忘其身，以及其亲，非惑与？"（12.21）愤怒之情是人自身最具毁灭性的情绪。它既能毁灭他人，也能毁灭自己。因此，人不要激起愤怒之情，更不要被愤怒之情所左右。

人还要看透各种谎言和恶言的遮蔽和影响，才能明远。"浸润之谮，肤受之，不行焉，可谓明也已矣。浸润之谮，肤受之愬，不行焉，可谓远也已矣。"（12.6）谎言和恶言掩盖了事物的本性，并能激起人的仇恨。人能抵制谎言和恶言的影响，就能对于事物看得明，看得远。这就能穿透

儒家经典《礼记》、《易经》、《尚书》，北京孔庙

论孔子

迷惑而获得智慧。

作为一个有智慧的人,智者能辨明天地间的人神区别之所在。让鬼神归于鬼神的所在,让人归于人的所在。智者也知道什么样的人是君子,什么样的人是小人。智者当然也知道自己。他每天已经做了什么,还将要做什么。

第六章 言 与 行

　　言是言说。言虽然是人的言谈，但在根本上是被道所规定。因此，言说最终也是言道。

　　孔子也曾谈到过不言和无言。如"食不语，寝不言"（10.10）。这意在强调人要专注于吃饭和睡觉。又如"我欲无言"（17.19）。这意在引出天不言说。但孔子的语言观主要是慎言。人不要随意地言说，而要根据事物之道去言说，最后达到诚信的言说。

　　在所有的语言之中，"圣人之言"（16.8）具有至高无上的地位。圣人之言是代天地立言。它倾听了天地之道，而将之传达给人。因此，圣人之言给人们指引一条光明大道。正是因为如此，所以君子要敬畏圣人之言。

　　人不仅要倾听圣人之言，而且要学习一般的语言。对于孔子而言，《诗经》是一种纯正的语言表达，它教人如何去言说。

　　人的言说是一种语言行为。人用语言去言说事物。这就要求事物之名符合事物之实。孔子说："名不正，则言不顺；言不顺，则事不成；事不成，则礼乐不兴；礼乐不兴，则刑罚不中；刑罚不中，则民无所措手足。因此君子名之必可言，言之必可行。君子于他其言，无所苟而已矣。"（13.3）名字是事物的名字。名字不是可有可无的，也不是随随便便的。名字是事物的规定性。一个事物是这个名字所规定的事物。因此，命名就是去规定，让事物之名符合事物之实。人依此规定去言说、思考和行动。正名是修正事物之名，使不符合事物之名变成符合事物之名。人不仅根据事物之名去言说，而且根据事物之名去完成事物。

论孔子

宋·马和之《唐风》（之一）

人如何去言说？孔子认为，人的语言要切合其意义。"辞达而已矣。"（15.41）言辞的关键不是动听，而是真实地表达事物的本性。但在现实中有的语言根本不切中意义。"群居终日，言不及义，好行小慧，难矣哉！"（15.17）有的是花言巧语，有的是流言和谎言。

人言说不只是独白，而是向他人言说，故言说人多都是对话。因为是向人言说，所以人要学会区分不同的人与不同的言。"可与言而不与之言，失人；不可与言而与之言，失言。知者不失人，亦不失言。"（15.8）这里关键是区分可以言说的人和不可以言说的人。对于不同的人，人所言说的内容也不一样。"中人以上，可以语上也；中人以下，不可以语上也。"（6.21）人的言说不仅要区分人，而且要懂得言说的语境。"侍于君子有三：言未及之而言，谓之躁；言及之而不言，谓之隐；未见颜色而言，谓之瞽。"（16.6）这些不考虑语境的言谈都是不正确的言谈。语境不仅指一个具体的言说时机，而且也指人所处的世界和时代。人在有道和无道时有不同的言说方式。有道时人直接言说，无道时人谦逊言说。

在对话中，人不仅自己言说，而且要倾听他人的言说。倾听他人的言说，一方面是了解他人，另一方面也是了解自己。但对于他人的言说，人要进行分辨。"法语之言，能无从乎？改之为贵。巽与之言，能无说乎？绎之为贵。说而不绎，从而不改，吾未如之何也已矣。"（9.24）听不仅是倾听，而且是听从，也就是化为行动。

作为人的活动，言谈是人的存在的显示。言谈表现了道德。"有德者必有言，有言者不必有德。"（14.4）言谈也表现了智慧。"君子一言以为知，一言以为不知，言不可不慎也。"（19.25）言谈也能影响国家的安危。常言说："一言可以兴邦"，"一言可以丧邦"（13.5）。孔子认为此话虽然不能僵硬地理解，但也有其正确性。由此可见言谈是何等重要了。

人的言语不仅要和事物的意义合一，而且要和人的行为合一。有言语和行为是一致的，也有言语和行为是不一致的。"始吾于人也，听其言而信其行；今吾于人也，听其言而观其行。"（5.10）孔子反对言行不一。言行不一是令人羞耻的。"古者言之不出，耻躬之不逮也。"（4.22）"君子耻其言之过其行。"（14.27）言行不一可能是行为超过了语言，也可能是言语超出了行为，但一般是后者。一种夸大的语言是很难实现的。"其言之不怍，则为之也难。"（14.20）为了保证人的言行一致，孔子要求人少言多行。"君子欲讷于言而敏于行。"（4.24）讷就是慎言，是言说最恰当的行为。它能保证言行一致，而实现忠信。不仅言与行之间要一致，而且言与行都要与道一致。因此，人要谨言慎行，言道，行道，而不要言无道，行无道。

人的言行是否切实决定了人在世界上是否行得通。"言忠信，行笃敬，虽蛮貊之邦，行矣。言不忠信，行不笃敬，虽州里，行乎哉？"（15.6）孔子非常强调人的信。信主要是语言的信。信言是一种真实的语言。这首先是语言符合现实；其次是语言符合行动。因此，信不仅是言说的，而且是行为的。此外，人要信守和实现他对人的诺言。如果人诚信的话，那么他人就会信任他。他行走的道路就会通达。

第七章 为仁

为仁是人实现仁，是践行大道。

在孔子那里，作为天道的天命和作为人道的礼乐从外在奠定了人及其所生活的世界的基础，但仁则从内在奠定了人自身存在的基础。

孔子的仁学是对于礼乐之道创造性的改造。如果说礼乐是旧的人道论的话，那么仁爱则是新的人道论。孔子认为，无论是作为技的意义还是作为道的意义的礼都不能只是物的使用，而是人的活动。礼不等同于礼器，乐不等同于乐器。应该说，礼在于行礼的人，乐在于奏乐的人。但只有当人是仁爱之人的时候，礼乐才成为了礼乐。"人而不仁，如礼何？""人而不仁，如乐何？"（3.3）在这样的意义上，虽然礼是重要的，但仁是更重要的。没有仁，礼是空洞的，毫无意义的。唯有仁才使礼灌注了生命力而富有现实的力量。这就是人们所说的孔子以仁释礼。

一、仁不是什么

虽然仁是孔子言谈的核心语词，但他并没有给予仁一个明晰的和统一的定义。他对于仁的各种言谈都是在一具体的语境中针对某人某事而说的。于是，每一个关于仁的言谈都有所不同。但纵观孔子的言谈，我们可以看到仁一方面不是什么，另一方面是什么。

作为孔子所肯定的人的本性，仁既不是违反礼乐之道的行为，也不是人们一般否定的德性。孔子说："巧言令色，鲜矣仁！"（1.3）巧言令色看

400

起来是美好的声音和颜色，但实际上并不美好，而是一种伪善。它作为一种掩盖了的恶，甚至恶于一种暴露的恶。它不是很少是仁，而是根本就不是仁。

仁既不是人们一般否定的德性，也不是人们一般肯定的德性。

孔子认为，仁不是忠与清。"令尹子文三仕为令尹，无喜色；三已之，无愠色。旧令尹之政，必以告新令尹。何如？"（5.19）孔子认为这是忠，但并非仁。"崔子弑齐君，陈文子有马十乘，弃而违。至于他邦，则曰：'犹吾大夫崔子也。'违之。之一邦，则又曰：'犹吾大夫崔子也。'违之。何如？"（5.19）孔子认为这是清，但并非仁。忠是人忠实于某人或某物，这意味着人与某人或某物建立了真实的存在关系。忠在此是人忠实于国家。清是人保持自身的纯洁，而分离于他物的污染。清在此是人洁身去乱。但清和忠可能是出于公心，也可能是出于私心。一种出于私心的清和忠与仁没有任何关联。

孔子强调，仁也不是人们某些难能可贵的品行。如人除去了克、伐、怨、欲，"可以为难矣，仁则吾不知也"（14.1）。虽然仁没有了好胜、自夸、怨恨、贪欲，但他只是消除了私欲，而没有体现大道。

孔子还表明，仁不是某种特别的政治才能。"孟武伯问：'子路仁乎？'子曰：'不知也。'又问。子曰：'由也，千乘之国，可使治其赋也，不知其仁也。''求也何如？'子曰：'求也，千室之邑，百乘之家，可使为之宰也，不知其仁也。''赤也何如？'子曰：'赤也，束带立于朝，可使与宾客言也，不知其仁也。'（5.8）虽然这三位孔子的弟子都表现了不同的治理国家的才能，但并不意味着他们已经具有了仁德。"

二、仁是什么

在指出了仁不是什么的同时，孔子说出了仁是什么。但孔子将所说的

论孔子

"仁是什么"实际上转换成了"仁是如何"。这也就是说,孔子试图说明仁是一种什么样的行为。仁的问题也就成了为仁的活动的问题。为仁作为一种行为都是在某种关联中发生的。因此,仁的规定就必须考虑仁与礼、仁与德、仁与己、仁与人等诸种关系。

第一,仁与礼。

在仁与礼的关系上,孔子主张克己复礼。孔子说:"克己复礼为仁。一日克己复礼,天下归仁焉。为仁由己,而由人乎哉?"(12.1)孔子更进一步解释:"非礼勿视,非礼勿听,非礼勿言,非礼勿动。"(12.1)

第二,仁与德。

在仁与德的关系上,孔子认为仁是人的德性。仁一方面是诸德之一,另一方面也是诸德之全。

仁是恭、敬、忠。孔子说:"居处恭,执事敬,与人忠。虽之夷狄,不可弃也。"(13.19)

仁是刚、毅、木、讷。孔子说:"刚、毅、木、讷近仁。"(13.27)

仁是恭宽信敏惠。孔子说:"能行五者于天下,为仁矣。"(17.6)孔子进一步解释道:"恭宽信敏惠。恭则不侮,宽则得众,信则人任焉,敏则有功,惠则足以使人。"(17.6)

第三,仁与己。

在仁与己的关系上,孔子指出仁是人的某种特别的言行。

仁者慎言。孔子说:"仁者,其言也讱。"(12.3)孔子进一步解释道:"为之难,言之得无讱乎?"

仁者先难。孔子说:"仁者先难而后获,可谓仁矣。"(6.22)

仁者博学而切问。子夏说:"博学而笃志,切问而近思,仁在其中矣。"(19.6)

第四,仁与人。

在仁与人的关系上,孔子说明仁实现在人与他人的交往关系之中。

宋·马和之《唐风》(之二)

首先，孔子认为仁是"爱人"(12.22)。

其次，孔子认为仁是立人和达人。"夫仁者，己欲立而立人，己欲达而达人。能近取譬，可谓仁之方也已。"(6.30)

再次，仁是恕人。"出门如见大宾，使民如承大祭。己所不欲，勿施于人。在邦无怨，在家无怨。"(12.2)

上述是孔子对于仁的主要论述。下面对这些论述作进一步的阐明。

第一，仁与礼。孔子主张克己复礼为仁。克己是克制自己的欲望，复礼是归复作为人道的礼制。因此，克己复礼是关于制欲行道最简单明确的表述。

第二，仁与德。孔子所陈述的仁作为人的德性，无非是克制欲望实现大道。

第三，仁与己。作为仁的某种特别的言行，实际上是人去欲行道的言行。所谓学问不过是学习技艺，借以去欲行道。

第四，仁与人。仁是爱人。但爱人如何可能？其关键在于人除去个人欲望，而实现大道。

根据上述孔子关于仁的言谈的分析，我们可以得出如下结论：仁实际上相关于人的欲望、技艺和大道的活动。在根本上说，仁是制欲行道。它包括了三个核心要素：第一，去欲；第二，学艺；第三，行道。

孔子说："富与贵，是人之所欲也。不以其道得之，不处也。贫与贱，是人之所恶也。不以其道得之，不去也。君子去仁，恶乎成名？"(4.5)为仁是遵道而行。在道的指引下，人区分符合道的欲望和不符合道的欲望，并实现符合道的欲望。同时，人区分符合道的技艺和不符合道的技艺，而使用符合道的技艺。在欲望、工具和大道的活动中，为仁就成为了人自身和他人不断生成的活动。

作为生成，仁贯穿于人的心灵、语言和行为。但人们一般把仁只是理解为爱人，而且是一种爱人的情感。正是因为如此，所以仁只是理解为心之德和爱之理。这是对于仁的一种心性论的解释。但如果仁只是一种爱的情感的话，那么它还只是一种空洞的和尚未实现的仁。真正的仁不仅灌注在人的情感里，而且也贯彻到人们的行动和言语中。仁展开为人在现实生活世界中的各种存在方式。因此，仁的心性论应转变为仁的存在论。

正是因为仁是人的存在，以孔子要求人居住在仁中。"里仁为美。择不处仁，焉得知？"(4.1)居住是人生在世的基本存在方式。居住在仁之中，是居住在人的本性之中，也就是居住在人的真正的家园之中。因为仁是善的，所以这种居住是善的；因为美善合一，所以这种居住是美好的；因为里仁是合于真理的选择，所以这种居住也是智慧的。在这种意义上，仁是真善美的统一。

既然仁是人的存在的本性，那么人就应该始终与仁同在，正如人始终与道同在一样。"君子无终食之间违仁，造次必于是，颠沛必于是。"(4.5)虽然道是高远的，但它无时无处不遍及于人的一切活动之中。可以说，人的任何事情都有它的道。因此，人要遵道而行。对于人而言，仁是他最根本的道。这就要求人无论何时何地都依仁而行。唯有成为一个仁者，人才能成为一个君子。

因为仁是人存在的本性，所以仁不远我，而是近我。"仁远乎哉？我欲仁，斯仁至矣。"(7.30)因为仁是人的规定，所以人都可能实现仁。"我未见好仁者，恶不仁者。好仁者，无以尚之；恶不仁者，其为仁矣，不使不仁者加乎其身。有能一日用其力于仁矣乎？我未见力不足者。盖有之矣，我未之见也。"(4.6)好仁者是从肯定方面而言。他认为仁是天下最高的，喜好而实现它。恶不仁者是从否定方面而言。他力图排除自身各种不仁爱的事物。好仁和恶不仁都是为仁。虽然为仁很难，但每个人凭借自己的力量是可以实现的。

作为人的存在的本性，仁也是人存在的终极意义。"志士仁人，无求生以害仁，有杀身以成仁。"(15.9)人的身体和生命是宝贵的，没有生命便没有了一切。但只有被仁所灌注的生命才是有意义的，否则是无意义的。一个理想的状态是生命和仁合一，也就是合于仁的生命或合于生命的仁。但现实的状态却会出现生命和仁的冲突，即为求生而害仁和为成仁而杀身。在这种两难的抉择中，孔子主张放弃生命而实现仁。

三、仁作为德

仁被理解为去欲行道。但去欲行道是人的活动。这就是说，仁是道在人身上的实现。得道者为德。德就是在人身上所实现的道。因此，仁是人的根本大德。

第一，非德与德。

孔子首先抨击了无德。乡原是无德的。这种人无是非，无善恶，也就是无道。流言是无德的。这种言说无根据，无责任。巧言也是无德的。这种言谈虚伪、伪善。上述无德的人与人言不仅不善，而且就是恶。

但还有一些现象既非无德（恶），也非德（善），而是一种超凡的能力和力量。但孔子认为人们区分有德者和有力者，尚德不尚力。"羿善射，奡荡舟，俱不得其死然。禹、稷躬稼而有天下。"（14.5）如此尚德不尚力才是君子。不仅对于人，而且对于动物，人们也要称德不称力。"骥不称其力，称其德也。"（14.33）动物在此具有类人的特性。

不过，孔子感叹"知德者鲜矣"（15.4）。人之所以很少知道德，是因为有两种情况。一方面是德自身隐而不现，不被人知晓；另一方面是人被私欲所蔽，不知晓德。虽然如此，但孔子对于德充满信心："德不孤，必有邻。"（4.25）一个有道的人不孤独，他与天地人在一起，同时他会召唤和聚集其他有道的人。

孔子所赞美的最高的道德称为至德。他认为中庸作为道就是最高的德。当然，孔子所理解的至德还有其他形态。如谦卑。"三分天下有其二，以服事殷。周之德，其可谓至德也已矣。"（8.20）如礼让。"泰伯，其可谓至德也已矣。三以天下让，民无得而称焉。"（8.1）

第二，仁作为全德。

孔子所说的仁不仅是诸德之一，而且也是诸德之全。

在孔子之前，人们也讨论并赞美了仁。但仁只是人的诸德之一，与人的其他德性并列在一起。孔子不仅继承了这一观念，将仁理解为人诸德之一，而且将仁理解为诸德之全。这是孔子创造性的贡献。这就是说，仁是人的德性的根本。这使它规定了人的其他德性。唯有仁，其他德性才能成为美好的德性。

仁既规定了仁自身，也规定了智。"仁者安仁，知者利仁。"（4.2）仁者有仁，他安居于自身就是安居于仁。智者明仁，他努力知道并追求仁。孔子认为仁是爱人，智是知人。但其实爱人就是知人，知人就是爱人。他说："举直错诸枉，能使枉者直。"（12.22）把正直的人置于不正直的人之上，区分了好人和坏人，这是知人，是智慧；能使不正直的人变得正直，导致了坏人变成好人，这是爱人，是仁爱。这两者达到了仁与智的统一。

仁不仅规定了知，而且规定了勇。"仁者必有勇，勇者不必有仁。"（14.4）一个仁者也必然会勇。仁者心怀大道，必见义勇为。一个勇者不必有仁。勇者勇敢而为，或出于道义，或出于气血。因此，只有为仁所激动的勇者才是真正的勇者。

可以说，智慧和勇敢都是仁的不同显现形态。

第三，三达德：仁、智、勇。

虽然仁是全德，统领智慧和勇敢，但仁、智、勇自身也有分别。它们是孔子所推崇和赞美的三种主要的道德，故被人们称为三达德。

孔子给予三达德自身的规定。"知者不惑，仁者不忧，勇者不惧。"（9.29）

首先，知者不惑。智者知道真理，故不迷惑假相。

其次，仁者不忧。仁者博爱万物，故不忧虑自己。

再次，勇者不惧。勇者气充天地，故不惧怕苦难。

第四，诸德举要。

在仁、智、勇三达德之外，孔子还强调了人的其他的一些美德。现举其大端，略加分析。

其一，义。此德指公正、合理和应该做的。

如"君子喻于义"（4.16）。"见义不为，无勇也。"（2.24）"信近於义，言可复也。"（1.13）

其二，礼。作为德的礼是被作为人道的礼制所规定的。它在内表现为礼敬、礼让，在外表现为礼貌和礼仪。

如"恭近于礼，远耻辱也"（1.13）。

其三，信。此德指诚实。人言物一致，言行合一。同时，人与人恪守承诺。人诚信而获得他人信任。

如"与朋友交而不信乎?"(1.4)"人而无信,不知其可也。"(2.22)

其四,忠。此德指人有中正诚实之心,且竭尽奉献他人。

如"为仁谋而不忠乎?"(1.4)"主忠信,毋友不如己者,过则勿惮改。"(9.25)"爱之,能勿劳乎? 忠焉,能勿诲乎?"(14.7)

其五,敬。此德指肃整自己对人对物保持尊重。

如"居敬而行简,以临其民,不亦可乎? 居简而行简,无乃大简乎?"(6.2)

其六,耻。此德指人为自己越过礼的边界而羞愧。

如"君子耻其言之过其行"(14.27)。

其七,温、良、恭、俭、让。此德为夫子之德。温是温和;良是善良;恭是恭敬;俭是节俭;让是谦让。这五种品德基本上相关于我与他人的关系,其核心是我对于他人的仁爱。

如"夫子温、良、恭、俭、让以得之"(1.10)。

在所列举的德中,义、礼、信和三达德中的仁、智结合,就形成了后世所说的五德(亦即五常):仁、义、礼、智、信。

除了上述诸德之外,孔子还言谈了许多德。这些德包括了人的生活的方方面面。可以说,人的生活有多少种,人的德性就相应地有多少种。在上述诸德中,有的重复,有的相近,有的交叉,其关系错综复杂。

但所有这些德性都被仁所规定,也就是被道所规定。

第五,区分善恶。

作为德的仁就是人的德性,人的德性就是人的人性,亦即人的本性。孔子谈到人性时说:"性相近也,习相远也。"(17.2)这意味着人有一个本性,且每个人的本性都相近。因此,人具有共同的人性。

关于人的本性,一般都在争论其有无善恶和是否善恶。有性善说、性恶说、性有善有恶说、性无善无恶说。孔子本人虽然并没有直接给人性一个明晰的规定,但根据孔子对于人的德性作为仁的论述,我们可以断定,人的本性就是善。这是因为仁是去欲行道，去爱人。一个爱人的人正是一个善者，非恶者。"苟志于仁矣，无恶也。"（4.4）孔子的思想其实为儒家占主导的人性本善说奠定了基础。作为人的本性，仁不仅是善良的，而且是美好的和智慧的。

孔子强调人要区分善恶。人都能有好恶之心。但"唯仁者能好人，能恶人"（4.3）。常人所好也许并非善者，而所恶也许并非恶者。但仁者所好必是善者，所恶必是恶者。仁人之所以能好能恶，是因为他凭借仁爱之道。对于一个人的善恶的判断，不能依据乡人皆好或皆恶之，而是要基于："乡人之善者好之，其不善者恶之。"（13.24）由此可以断定，这个人是善人，而不是恶人。

孔子反对伪善。"巧言、令色、足恭，左丘明耻之，丘亦耻之。匿怨而友其人，左丘明耻之，丘亦耻之。"（5.25）伪善是令人羞耻的。这在于它越过了德性善恶的边界。伪善本恶，但伪装成善。这具有欺骗性质，比无伪的邪恶更恶。

在反对伪善的同时，孔子认为也要辨明什么是真正的善，也就是什么是真正的仁。有人批评管仲不仁，但孔子认为他仁。他说："桓公九合诸侯，不以兵车，管仲之力也。如其仁，如其仁。"（14.16）管仲之仁在于其非暴力行为。孔子还说："管仲相桓公，霸诸侯，一匡天下，民到于今受其赐。微管仲，吾其被发左衽矣。岂若匹夫匹妇之为谅也，自经于沟渎而莫之知也？"（14.17）管仲虽无小仁，但有大仁。可以说，他不拘小节而怀有大道。

人不仅要区分善恶，而且要行善去恶。"见善如不及，见不善如探汤。"（16.11）同时人要"见贤思齐焉，见不贤而内自省也"（4.17）。唯有如此，人才能不断去欲行道，获得仁的德性。

对于善，人们当然应该以善报善，而不能以恶报善。但对于恶，也就是怨，人如何相报呢？这至少有两种可能：一种是以怨报怨，另一种以德报怨。但孔子认为："以直报怨，以德报德。"（14.34）以直报怨是以公正报答怨恨，亦即不以私欲而以大道报答怨恨。这种报答可能是以怨报怨，也可能是以德报怨。以德报德实际上也是以直报德。这是因为以怨报德是不公正的，唯有以德报德才是公正的。

四、爱亲人

如前所述，仁是人的大德。它作为道在人身上的实现，显露为人的美好的德性。它或者作为诸德之全，或者作为诸德之一。但仁不仅表现在人自身，而且也表现在人与世界的关系上。就人与世界的关系而言，为仁或者是仁的实现表现为爱，也就是让人和万物自身存在。

在世界中，仁包括了三个方面的爱。第一，爱亲人（孝悌），让亲人自身存在；第二，爱他人，让众人自身存在；第三，爱万物，让万物自身存在。

孔子的仁爱并没有什么神秘的地方，相反它就来源于人们熟知的日常的亲情，即父母和子女之间的爱。爱在根本上是一种给予和奉献。父母生育和保护了子女，而子女也要孝敬和照顾父母。这种爱是一种现实的已存在和发生的爱。每一个人事实上都处于这种爱中，去爱和被爱。这种爱是平常的、普遍的。可见，孔子的仁爱学说是从现实世界和每一个人的自身存在出发的。如果说仁是爱的话，那么亲亲就是爱的本源。

不过，在这样一种家庭的亲情关系中，实际上存在两种不同的爱的形态。它们不是同一的，而是差异的。其中，一种是由上到下的爱，亦即父母对于子女的爱、兄姊对于弟妹的爱。另一种是由下到上的爱，亦即子女对于父母的爱、弟妹对于兄姊的爱。如果说前者偏于慈爱和保护的话，那么后者则偏于敬爱和尊重。

在亲爱中，孔子虽然也注重父母对于子女的爱，但实际上更强调子女对于父母的爱。因此，他反复说明为仁的根本是孝悌，亦即子对于父的爱和弟对于兄的爱。"其为人也孝弟，而好犯上者，鲜矣；不好犯上，而好作乱者，未之有也。君子务本，本立而道生。孝弟也者，其为仁之本与！"（1.2）这在于为仁包括了三个基本环节。第一，亲亲。第二，仁民。第三，爱物。这三个环节构成了由近到远、由小到大的顺序。其中，孝悌作为亲亲是其根本。没有孝悌的亲亲，也就没有仁民和爱物。当人孝悌也就是亲亲时，为仁的根本也就建立了。由此而来，为仁的道路就生成了。人们就会仁民和爱物。这构成了亲亲、仁民和爱物的完整道路。

孝悌作为仁爱有其独特本性。与父爱从上到下的爱不同，孝悌是从下到上的爱。从上到下的爱可以是命令、规定、管理和统治；而从下到上爱则是听从、服从、温顺和柔和。如果把仁爱主要理解为父爱的话，那么仁爱就具有了去征服的欲望。只有当仁爱被把握为孝悌的时候，仁爱才是一种被驯服的意志，也就是不好犯上。由此而来，礼就不是被动地对于某种外在仪式的遵守，而是主动地对于内在规则的服从。如此释仁释礼，孔子便为整个社会的等级序列的建立提供一个最初的基础。因为家庭和国家具有相同的结构，所以当子孝顺父，便有臣忠于君。这也就是让家庭成为了家庭，让国家成为了国家。

但孝有一些什么具体的行为？

第一，孝是无违。

什么是无违？孔子说："生，事之以礼；死，葬之以礼，祭之以礼。"（2.5）从反面来讲，孝就是不要违背礼制。但从正面来说，孝就是要遵守礼制。

第二，孝是悦色。

孔子说："色难。有事，弟子服其劳；有酒食，先生馔，曾是以为孝乎？"（2.8）虽然人在父母前表现出愉悦的脸色是件难事，但孝道就体现在愉悦的脸色。人的脸色来源于心，同时相关于人的言和行。

论孔子

第三，孝是敬。

孔子特别指出，孝不仅是养，而且也是敬。敬是敬重、尊重、爱护、关注和认真等。"今之孝者，是谓能养。至于犬马，皆能有养；不敬，何以别乎？"（2.7）是否孝敬是区分人与动物行为的标志。如果人们把孝只是当成养，而不是敬的话，那么人们就是不孝，且把人贬低为动物。

除了上述之外，孔子还指出了孝的其他方面的表现。对这些孝的表现可姑且不论，但我们要特别提及三年之孝。孔子说："父在，观其志；父没，观其行；三年无改于父之道，可谓孝矣。"（1.11）三年之孝也是三年之丧。为何三年？孔子解释了三年之丧的缘由。"子生三年，然后免于父母之怀。夫三年之丧，天下之通丧也。"（17.21）人有三年的父母怀抱之爱，故也要守三年的父母丧期。这实际上是子女用爱对于父母之爱的回馈。

五、爱他人

虽然孔子认为父子之间的亲情是仁爱中最根本的情感，但他并不试图将孝悌只是局限于家人之间，而是认为应该将孝悌的情感扩大到天下。这无非是说，人们不仅要爱自己的父兄，而且要爱天下所有的人。

"泛爱众，而亲仁。"（1.6）因此，所谓的孝悌或者仁成为了一种在世界中普遍化的亲情。这要求人们要像爱自己的亲人一样爱天下所有的人。基于这种普遍化的孝悌情怀，人们才产生了"天下一家"、"四海之内皆兄弟"的观念。天下本非一家，但仁者将它看作一家；四海之内并非兄弟，但仁者将他看作兄弟。如此理解的仁就不仅包括了人对于亲人的爱，而且还包括了对于非亲人的爱，也就是对于天下人的爱。

爱人首先必须承认一个已给予的情景，人不可能离世孤独地生活。人离开人类而与动物为伍只是一种幻想。"鸟兽不可与同群！吾非斯人之徒与而谁与?"（18.6）人生活在世界之中，也就是生活在人与人之中。他人的存在如同自己的存在一样是一个不可否认的事实。人生活在世界之中就不可避免地要和人打交道。只有在人我的共在之中，人才能真正展开自身的存在。

人不仅要承认他人的存在，而且要理解他人的存在。"不患人之不己知，患不知人也。"（1.16）他人不理解我，是他人不通达我。这在他人。我不理解他人，是我不通达他人。这在我。当我理解他人时，我就通达他人了。

但人如何处理好人与他人的关系？这关键在于人如何从自身出发去看待他人。

孔子强调，从否定方面讲，人不要把自己不意愿的给予他人。这就是"己所不欲，勿施于人"（12.2）。另外，"我不欲人之加诸我也，吾亦欲无加诸人"（5.12）。

从肯定方面讲，人要把自己意愿给予他人。"夫仁者，己欲立而立人，己欲达而达人。"（6.30）这被视为儒家的金规则。在当今世界，它仍然具有普世价值。

无论是否定方面，还是肯定方面，这一金规则都设定了人与人之间的同一性。这就是说，我所不欲的也正是他人所不欲的，同时，我所欲的也正是他人所欲的。这依据于这样一种假设：天同此理，人同此心，心同此欲。由此，人可以由己推人。

不过，人与人除了同一性之外，还有差异性。每一个人都是不一样的，每一个人的存在都是不同的。因此，也许我所不欲的，正是他人所欲的；或者相反，也许我所欲的，正是他人所不欲的。如果事情是这样的话，那么不仅"己所不欲，勿施于人"，而且"己所欲，亦勿施于人"。虽然孔子没有做如此明确的表达，但他也表现了对于差异的尊重和允许。这就是所谓的忠恕思想。人们甚至认为，忠恕是孔子的一贯之道。

论孔子

何谓忠恕？所谓忠是忠实、忠诚和忠心。它指一颗真实无虚的心灵，内不欺己，外不欺人。所谓恕是宽恕。人不按自己的尺度去要求他人，而让他人如其自身去存在。这也就是说，人要承认和允许他人的差异性。孔子认为仁具有五种德性，而作为恕的宽就是其中之一。"恭、宽、信、敏、惠。恭则不侮，宽则得众，信则人任焉，敏则有功，惠则足以使人。"（17.5）这五种德性都是人对于他人的仁爱的不同态度。其中的宽就是宽恕。正是因为人能够容忍那些与自己不同的人，所以能够得到多数人而不是少数人的拥护和支持。宽恕也表现为不念旧恶。"伯夷、叔齐不念旧恶，怨是用希。"（5.23）宽恕还表现为薄责于人。"躬自厚而薄责于人，则远怨矣。"（15.15）宽恕不仅是允许他人作为他人独特地生活，而且是原谅他人的过错和恶行。

在共在中，人与他人建立了多种关系。人与人或是朋友，或是敌人，或既非朋友，也非敌人。其中，孔子强调了朋友之间友谊的重要性。友谊不仅是人与他人一种特别的关系，而且是一种特别的感情。友谊不同于亲情。亲情是建立在血缘基础上的。友谊也不同于爱情。爱情是男女之间的关系，既包括了心灵，也包括了身体。友谊在根本上是建立在同道的基础上的。这就是说，有友谊的人们有着共同的道的追求。同道使不同的人们建立了友谊并成了朋友。

朋友是仁的朋友，因此朋友能帮助仁的实现。为仁就要与仁者为朋友。"工欲善其事，必先利其器。居是邦也，事其大夫之贤者，友其士之仁者。"（15.10）友人相聚，故能共同谋道。"有朋自远方来，不亦乐乎？"（1，1）快乐的缘由不仅是与友人相聚，而且是与大道相聚。

对于孔子来说，人虽然要与他人建立友谊，但要区分好的和坏的朋友。"益者三友，损者三友；友直，友谅，友多闻，益矣。友便辟，友善柔，友便佞，损矣。"（16.4）好坏朋友的区分点虽然很多，但最重要的无非是一个人是否真实，亦即诚实。一个诚实的朋友不仅对于道是忠实的，而且对于人也是忠实的。人不仅要区分朋友，而且要懂交友之道。"忠告而善道之，不可则止，毋自辱焉。"（12.23）这无非就是说，人与人虽然是朋友，但也要恪守彼此的界限和交往的分寸。

当然，孔子的仁的最高理想是不仅是去爱朋友，而且是去爱天下。人去爱天下所有的人，并让他们得到自身所需要的爱。"老者安之，朋友信之，少者怀之。"（5.26）这里的人有其区分。但它不是按照血缘关系而确定的亲疏之别，而是按照不同年龄而划分的老少之别。当然，人们可以把他们看成类似的家庭成员。老者如同自己的父母，朋友如同自己的兄弟，少者如同自己的子女。这就是所谓的天下一家。与人的区分相应，仁爱也有其区分。对老者的爱是从下到上的爱；对朋友是平等的爱；对少者是从上到下的爱。不同的人都能从有仁爱的人那里获得不同形态的爱。

六、爱万物

仁爱不仅意味着人对于人类的爱，而且意味着人对于自然的爱。因此，仁爱是爱亲人，爱他人，爱万物。万物在天地之间，在山水之间。爱万物也就是爱山水和爱天地。

一个仁者或者智者也是山水自然的热爱者。"知者乐水，仁者乐山。"（6.23）人不仅是欣赏山水自身的美丽，而且是感受到自己与山水的共同和相似之处，从而产生了共鸣。

热爱山水实现于畅游山水之间。"莫春者，春服既成，冠者五六人，童子六七人，浴乎沂，风乎舞雩，咏而归。"（11.26）此虽在人间世界，没有神秘超越，与神灵合一，但别于日常生活，远离家国事务。人与天地同乐，与人同乐，与道同乐。这就是所谓的天地境界，圣人气象。这也说出了孔子的最高志向。因此，孔子赞与曾点。

孔子对于山水的热爱实际上是对于天的敬畏。唯天为大。天既是不可

论孔子

见的天道和天命，也是可见的天地山水。在天地山水间，人可以感悟天道的存在。"逝者如斯夫！不舍昼夜。"（9.17）天地就是生生不息。它自己生成，也让万物生成，同时让人类生成。这是天地的大爱。人敬畏天地就要爱天地，让天地生成。这就是说，让天地运转，让百物生长。

从爱亲人经爱他人到爱万物，仁成为了一种博爱。但孔子的博爱是亲情的扩大化和普遍化，而不是超出了亲情的一种人类的兼爱和上帝的圣爱。

第八章 为 政

如同为仁一样，为政是也是行道。但如果说为仁是一般性的行道的话，那么为政则是政治性的行道。

一、为何为政

作为社会整体中的一分子，人需要对于自己所在位置的权利进行划界并参与对于公共事务的管理。故人都是政治的动物。但在孔子所处的君臣的时代里，事实并非如此。人可以分为广义的君臣，亦即治理者和被治理者。人不是治理者，就是被治理者。

但也有例外。一些人不是治理者，也不愿意成为被治理者。他们逃避社会，当然也逃避政治，成为了隐士。"贤者辟世，其次辟地，其次辟色，其次辟言。"（14.37）辟世是逃避人世而去隐居。辟地是逃避危邦而入安邦。辟色是逃避难看的脸色。辟言是逃避恶毒的言语。但隐士只能是个别的，而不能是普遍的。这在于人必须和他人共同生活在这个世界上。即使隐士也逃脱不了如此的命运。一方面，唯有社会存在，人才可能逃避社会；另一方面，隐士虽不直接但间接地与社会发生关联。

人不可逃离世界，就是不可逃离家国。世界是由家国组成。既然如此，人们就需要治理家国。家国存在的必然性就意味着政治存在的必然性。"不仕无义。长幼之节，不可废也；君臣之义，如之何其废之？"（18.7）长幼是天生的区分和序列。君臣虽然是后天的，但建立在长幼的基础上，

417

论孔子

因此也是符合天道的。在这样的意义上，为政既符合人道，也符合天道。

但在君臣的时代里，政治将人分为治理者和被治理者。为政主要不是被治理者的事情，而是治理者的事情。这就是说，政治不是民众的事，而是君子、志士仁人的事情。因此，君子必须为政。君子不只是有德者，而也是有位者。有德者必当其位。

天下或有道，或无道。在一个有道的时代里，人不过是顺道而为，容易为政。但在一个无道的时代里，人却要反抗无道，实现有道，很难为政。人是否要在无道的时代里为政？"欲洁其身，而乱大伦。君子之仕也，行其义也。道之不行，已知之矣。"（18.7）无道之时，人要么逃避，要么反抗。逃避者去隐居，反抗者去为政。但孔子主张去为政，要使无道变成有道。

在无道的时代里，人可能使无道变成有道，但也可能无法使无道变成有道。"是知其不可而为之者与？"（14.38）人之所以不可为，是因为世无道。人知不可而不为，此为消极。人知不可而为之，此为积极。替天行道，虽不能为，但也合天。

二、暴政德政

君子为政，必须区分暴政和的德政。

孔子指出暴政有四恶。"不教而杀谓之虐；不戒视成谓之暴；慢令致期谓之贼；犹之与人也，出纳之吝谓之有司"。（20.2）治者无道，而充满欲望。同时，对于被治者不采用教化和告诫，而是采用暴力和酷刑。如此的暴政不仅会伤害被治者，而且最终也会导致治者自己的灭亡。

在指出暴政的同时，孔子指出德政有五美。"君子惠而不费，劳而不怨，欲而不贪，泰而不骄，威而不猛。"（20.2）君子依照大道，克制贪欲。他不仅自己安泰威严，而且能使人民生活平安。

418

宋·马和之《唐风》(之三)

但孔子心目中最高的德政是圣政。所谓圣政是圣人所从事的政治。这包括了如下几种形态：

第一，让天下。"泰伯，其可谓至德也已矣。三以天下让，民无得而称焉。"(8.1)让天下区别于霸天下、王天下。霸天下是以暴力霸占天下，王天下是以王道治理天下。让天下是人自己把天下让给他人。让是礼让。人不贪得，不争夺。通过无欲，人达到大道。因此，让天下是至德。

第二，不占有天下。"巍巍乎，舜、禹之有天下也，而不与焉！"(8.18)舜、禹虽然拥有天下，但不参与天下。天下不是为己，而是为公。这表明他们无私欲，而有大道，因此崇高。

第三，无为而治天下。"无为而治者其舜也与？夫何为哉？恭己正南面而已矣。"(15.5)无为而治就是顺乎天道，而天下自治。治者正德而敬道，坐朝廷而任百官。

论孔子

三、以德治国

但君子如何为政?

为政治国的方略一般可以分为两种:一种是以刑治国,另一种是以德治国(以礼治国和以道治国)。

孔子指出了刑和礼的差异。"道之以政,齐之以刑,民免而无耻;道之以德,齐之以礼,有耻且格。"(2.3)政令和刑法是外在的,而且主要是否定性的。统治者用政、刑治国,人民只会不去触犯政、刑的禁令,而没有道德的羞耻。道德和礼制是内在的,而且主要是肯定性的。统治者用德、礼治国,人民就会耻于不善,而追求至善。

鉴于孔子德政和刑政的根本对立,孔子反对刑政,主张德政。季康子问:"如杀无道,以就有道,何如?"(12.19)孔子答道:"子为政,焉用杀?子欲善而民善矣。君子之德风,小人之德草。草上之风必偃。"(12.19)在孔子看来,为政用杀不仅是残暴的,而且是多余的。这是因为为政以德不仅是仁厚的,而且是容易的。只要治者倡导善德,被治者就会自动追随善德。如此这样,国家就能得到治理。"为政以德,譬如北辰,居其所而众星共之。"(2.1)为政以德区别于非德,如以法和以力等。德是德性,是人的人性和物的物性。如果治者为政以德的话,那么他就遵循了人的人性和物的物性,人和物都会归顺他。

以德治国也是以礼治国。这是因为所说的德是被礼所规定的。以礼治国是治国的根本。"能以礼让为国乎,何有?不能以礼让为国,如礼何?"(4.13)以礼让来治理国家就会使天下太平。否则,天下大乱,礼制也会沦为空洞的条文。因此,治者要好礼,使礼成为治国的原则。

以礼治国要正名。正名是让事物之名合于事物的存在,合符礼制的规定。正名正是修正事物之名,使不符合礼的事物存在之名变成符合礼的事物存在之名。

一个合于礼制的国家才能各如其所是。孔子认为以礼治国就是要实现："君君，臣臣，父父，子子。"（12.11）君臣是国家的主要成分，父子是家庭的主要成分。君臣之间是上下关系，父子之间也是上下关系。"君君，臣臣，父父，子子"是说：君是君，臣是臣，父是父，子是子。这意味着国与家的每一分子都各安其位，各尽其职。君要明，臣要忠，父要慈，子要孝。这就是守礼，也就是遵道。但其对立面为：君不君，臣不臣，父不父，子不子。这意味着国与家的每一分子不各安其位，不各尽其职。君不明，臣不忠，父不慈，子不孝。这违背了礼，违反了道。如果这样的话，那么就会国不安，家不宁。

以德治国和以礼治国也是以道治国。德是道的实现，礼是人道的根本。道是人的道路，它规定人并改变人。"君子学道则爱人，小人学道则易使也。"（17.4）道治理了人，也就治理了国。

四、治理自己

孔子认为，为政以德要治理自己。这在于家与国、孝与忠、为仁与为政密切相关。

人无德行，便无德政。"居上不宽，为礼不敬，临丧不哀，吾何以观之哉？"（3.26）这种种行为表明一个人失去了做人的根本道德。一个无德之人是无法实施德政的。

相反，人有德行，便有德政。"《书》云：'孝乎！唯孝，友于兄弟，施于有政。'是亦为政，奚其为为政？"（2.21）孝悌是家的原则，忠君是国的原则。但孝悌是忠君的基础。当人把孝悌作用于忠君的时候，也可以说是间接从政了。

当然，除了一般的仁德之外，其他品德和才能也决定了人是否可以从政。孔子认为，果敢、通达和多艺是人为政的才能。果敢人对于选择能作出果敢的决定；通达是人能通达人情事理；多艺是人具有多面的才能。

既然人自身的德和才如此重要，那么人为政就要正身。人正身就是使自己从不端正变成端正，从而合于道，合于德，合于礼。人只有正身，才能正人，也才能正国。因此，正是为政的真正意义。孔子说："政者，正也。子帅以正，孰敢不正？"（12.17）这要求人先正身，再正人。孔子从正面和反面强调了正身的重要性："其身正，不令而行；其身不正，虽令不从。"（13.6）治者端正自身就是对于被治者最好的无言的命令。

五、治理民众

孔子认为，为政以德一方面要治理自己，另一方面要治理民众。

以德治理民众是建立在以德治理自身的基础之上的。治者自身有德，也会促使被治者有德。"上好礼，则民莫敢不敬；上好义，则民莫敢不服；上好信，则民莫敢不用情。"（13.4）以德治民在这里具体化为治者用礼义信治理民众。治者好礼义信，被治者就会被这些德性所感染，并与这些德性相呼应。此外，"临之以庄，则敬；孝慈，则忠；举善而教不能，则劝"（2.20）。治者庄重，民众就会敬重。治者孝慈，民众就会忠诚。治者举善，民众就会劝勉。以德治民成为了治者和被治者之间的良性感应。德性召唤德性，德性呼应德性。

在以德治理民众时，治者自身要有诚信，同时要获得人民的信任。足食、足兵和民信三者，孔子认为民信是最重要的。在治者面临必需的选择时，他可以放弃足食、足兵，而不能丢掉民信。"自古皆有死，民无信不立。"（12.7）虽然充足粮食才能解决人民的生存问题，充足军备才能解决国家的安定问题，但唯有人民信任，政权才能稳定。唯有政权稳定，才能充足粮食，才能充足军备。但人民信任的前提是政权有诚信。这也就是治者要依道为政，以德治民。

当民众相信治者时，民众当然也会服从治者。这里关键还是在于治者以德治民，区分有道与非道，亦即区别正直和非正直。"举直错诸枉，则民服；举枉错诸直，则民不服。"（2.19）把正直的人置于不正直的人之上是合乎正义的。相反，把不正直的人置于正直的人之上是不合乎正义的。人民服从正义，不服从非正义。

如果治者为政以德的话，那么天下就会大道流行。人民无不均，无不安。"丘也闻有国有家者，不患寡而患不均，不患贫而患不安。盖均无贫，和无寡，安无倾。"（16.1）均匀比寡少更重要；安定比贫穷更重要。均匀是各得其分，安定是和谐生存。

一个有道的天下定能感召远近之人。"近者说，远者来。"（13.16）为何近者快乐？为政以仁，近处的人得其恩惠，故快乐。为何远者归来？为政以仁，远处的人被其感召，故归来。

六、为政步骤

孔子强调，为政要循序渐进，且有远大眼光。"无欲速，无见小利。欲速，则不达；见小利，则大事不成。"（13.17）无欲速即欲慢，遵循事物自身运行的道路而行走，最终达到目的。欲速是根据自身的欲望而行事，最后反而达不到目的。无见小利即见大利，大利是事物的整体利益，亦即道义。见小利则只是看到了事务的局部利益，遗忘了道义，从而阻碍了事物整体的完成。

关于为政的顺序性，孔子认为首先庶之，其次富之，最后教之。（13.9）

首先，庶是让人民种族繁衍。

其次，富是让人民生活富足。

最后，教是让人民礼乐教化。

这三者构成了为政的整体。它实际上包括了欲望、工具和大道的活动。治者为政就是让人民的基本欲望得到满足，同时提供满足此欲望的工具和手段。这里所说的庶相关于人自身族类的生产，富相关于人所需要的物质资料的生产。这里所说的教就是道德教化。通过这种教化，人民区分是非，并作出合于道的选择和决定。

在欲技道的活动中，人民展开了自己的生活。以德治国的最后目的无非是让人民美好地生存。

第九章 成人之道

孔子所言之道也是关于成人之道。成人一方面是指成为一个人的过程，另一方面也是指成为一个完成的人、亦即完美的人的目的。

一、人生之路

对于孔子和儒家而言，成为一个人就是成为一个仁人。但这是一个生命的过程，它从少年经中年直到老年。"士不可以不弘毅，任重而道远。仁以为己任，不亦重乎？死而后已，不亦远乎？"（8.7）仁之所以是任重，是因为它不只是爱自己，而也是爱天下；死之所以道远，是因为它作为生命的终结不是在近处，而是在远处。这要求人们生命不息，奋斗不止。

孔子以自身的经历描述了追求大道成为仁人的过程。"吾十有五而志于学，三十而立，四十而不惑，五十而知天命，六十而耳顺，七十而从心所欲，不逾矩。"（2.4）这需要更细致和明确的解释。

十有五而志于学。志向是一个人一生的目标。当人对于自己的人生开始觉醒的时候，人就开始筹划这一生的目标。所谓志于学并非志于关于一般知识的学习，而是志于关于道的学习。学就是学道。唯有道才是人一生中最重要的目标。

三十而立。立是站立。人站立于世界之中。但人何以站立？这凭借于礼。礼是人在世界之中的游戏规则。人知道了游戏规则，就能立于世界之中。

论孔子

四十不惑。不惑就是不迷惑于人生与世界的假相，从而认识了真理。人知道自己是谁，也知道世界是什么。

五十知天命。天命是天的命令，是人的命运。天命是人的存在的边界，也就是人生死的道路。人知道了天命，就是知道了人自己的命运，也就可以把握自己的存在。

六十耳顺。人耳顺而听闻各种言语，这表明人与世界是沟通的。人能听闻人的声音，并且能回答人的声音。此外更重要的是，人不仅能听懂天的意志，而且能听从天的意志。

七十从心所欲不逾矩。心无贪欲，而怀大道，故能从心所欲；既合天道，也合人道，故能不逾矩。人从心所欲但不逾规矩，这意味着心意和规矩的合一。不仅人的心意不逾规矩，而且规矩也不限人的心意。因为心意是人的意志，规矩是天道和人道的规矩，所以心意和规矩两者合一就是天人合一。这是一种自由自在的人生境界。

这一经历也许不仅具有个别性，而且具有普遍性。

如果说孔子的自述主要是从肯定方面而言的话，那么他针对一般人所说的君子三戒则主要是从否定方面而言。"君子有三戒：少之时，血气未定，戒之在色；及其壮也，血气方刚，戒之在斗；及其老也，血气既衰，戒之在得。"（16.7）

人的一生从生到死大致可以分为少年、壮年和老年。在不同的阶段中，既有生理的变化，也有心理欲望的变化。它们形成了人生各种不同的问题。孔子认为，血气及其变化是生理中最根本的。其实，血气并非其他东西，而就是人自身的生命力。血气的变化就是生命力的变化。血气在少年是未定，在中年是方刚，在老年是既衰。与此相应的是由血气生发出来的不同的欲望。它们分别是色、斗和得。色是好色，斗是争斗，得是贪得。这些欲望不是一般的欲望，而是超出自身边界的欲望。如果人们不注意有效地克制这些欲望的话，那么它们很可能在瞬间就会毁灭人的一生。

故对于这些欲望的戒防是人们求道成仁的必要条件。

二、人的区分

对于孔子而言，仁虽然是人的本性的规定，但并非所有的人能实现仁。故有些人是非仁者，有些人是仁者。同时，那些具有仁爱的人虽然都可以被称为是仁者，但并非完全是相等的，而是有差别的。他们之间存在一个高低的等级序列。

孔子对人进行了区分。这种区分不是社会上的职业的分工，而是德性和德行的不同。他说："圣人，吾不得而见之矣；得见君子者，斯可矣。"他又说："善人，吾不得而见之矣；得见有恒者，斯可矣。亡而为有，虚而为盈，约而为泰，难乎有恒矣。"（7.26）这里，圣人是天地之道的代言者和践行者。君子是有道德的人。善人是有仁无恶的人。有恒者是对某一事情专注而持久的人。无恒者不仅是多样变化之人，而且是虚伪不实之人。它实际上是小人。在另外的地方，孔子还指出过其他类型的人。我们看看孔子对于这些人是如何谈论的。

第一，小人。

小人有时指职业上的平民，如农民等。

小人有时指道德上的恶者，无仁义者。

第二，士与仕。

士者不仅是知识分子，而且是知道分子。这就是说，他不仅具有关于万物的一般知识，而且具有关于道的知识。当士不仅读书而且为政时，那么他就是仕了。

孔子对于士自身做了分类。最高的士："行己有耻，使于四方，不辱君命，可谓士矣。"其次的士："宗族称孝焉，乡党称弟焉。"再次的士："言必信，行必果，硁硁然小人哉！抑亦可以为次矣。"最后关于今之从政者：

论孔子

清·佚名《商山四皓图》

"噫！斗筲之人，何足算也？"（13.20）最高的士在此有两种规定。其一，他对己严格自律；其二，他对外能完成国君授予的使命，维护国家的利益。这里特别强调了士的耻辱意识，亦即欲与道的边界意识。此种士是国之士。其次的士入则孝，出则悌。此种士是家之士。再次的士言必信，行必果。此种士是己之士。现在为政者器量狭小，不是士。他们之所以器量狭小，是因为他们唯有个人欲望，而没有家国道义。

第三，隐士。

如果一个士不愿为政的话，那么他就不是仕；如果他逃避人世的话，那么他就是隐士。他虽然生活在世界之中，但是却隐藏自己，不为世界所见。

隐士有不同的逃避领域。他们或者避世，或者避地，或者避色，或者避言。有的逃避的范围大，有的逃避的范围小。

隐士自身也有不同的人格。孔子说："不降其志，不辱其身，伯夷、叔齐与！"（18.8）他又说："柳下惠、少连，降志辱身矣，言中伦，行中虑，其斯而已矣。"（18.8）他还说："虞仲、夷逸，隐居放言，身中清，废中权。我则异于是，无可无不可。"（18.8）伯夷类隐士不降其志，不辱其身。他们坚守正道，远离人世。柳下惠类隐士降志辱身，言行合于法度。他们寻找正道与人世的契合。虞仲类隐士隐居放言，既行正道，又通权变。但孔

428

子自身不属于其中任何一种类型。他无可无不可。可显可隐，唯道是从。

第四，仁者。

仁人就其实现了仁的一般特性而言是成人，就其具有贤德而言是贤人。一个仁人其实同时就是仁者和智者。一个没有仁爱的智者或者一个没有智慧的仁者都是不全面的。仁者和智者有一个共同的基础，就是相关于人本身。仁主要不是爱其他什么东西，而就是"爱人"，知主要不是知道其他什么东西，而就是"知人"。这也就是说，他们所热爱和所知道的主要都是人。

当然，仁者和智者对于世界和人生的态度是有差异的。"知者乐水，仁者乐山。知者动，仁者静。知者乐，仁者寿。"（6.23）孔子在此区分了智者和仁者三个方面的不同。一是不同的自然。智者爱水，仁者爱山。水是流动和灵活的，而山是雄伟和静穆的。二是不同的形态。智者是活动的，仁者是安静的。三是不同的生命。智者是快乐的，仁者是长寿的。但这种区分是相对的。不如说，仁者具有智者的本性，而智者也具有仁者的本性。一个仁人除了是仁者和智者之外，其实同时还是一个勇者。"知者不惑，仁者不忧，勇者不惧。"（9.29）一个仁者同时具有仁、智、勇三达德。

第五，君子。

君子在字义上是指统治者，即处于上位的人，而不同于处于下位的

论孔子

人。由于这种地位，君子具有了某种特别的权力，而能支配他人。一般而言，这种地位的获得往往是由血缘决定的。但在孔子那里，君子并非是指一个有权力的人，而是指一个有道德的人。同时，君子也不是基于血缘而天生的，而是依靠人性的陶冶而形成的。

第六，成人。

成人是一完成之人，亦即全人。孔子说："若臧武仲之知，公绰之不欲，卞庄子之勇，冉求之艺，文之以礼乐，亦可以为成人矣。"（14.12）他又说："今之成人者何必然？见利思义，见危授命，久要不忘平生之言，亦可以为成人矣。"（14.12）成人包括了四个方面的品性：智、不欲、勇、艺。智以知物，不欲以明德，勇以敢为，艺以有能。此外，成人为礼乐所修饰。今之成人不必德性完全，而是要把握关键。这也就是说能制欲为道。

第七，圣人。

最高境界的人是圣人。但很少有人能达到这样的境界。与此相应，很少有人可以被称为圣人。在孔子看来，圣人只是那些伟大的先王。他承认自己都不是圣人："若圣与仁，则吾岂敢？抑为之不厌，诲人不倦，则可谓云尔已矣。"（7.34）但这是他的自谦之辞。孔子所为为何？所为正是圣与仁。为之不厌，即为之有恒，也就是专注而持久地追求圣与仁。孔子所诲为何？所诲正是圣与仁。诲人不倦，即诲人有恒。这里不仅所诲是圣与仁，而诲人本身就是圣与仁。

作为人的最高的实现，圣人依天道而行。孔子赞美圣人尧帝："大哉尧之为君也！巍巍乎！唯天为大，唯尧则之。荡荡乎！民无能名焉。巍巍乎其有成功也！焕乎其有文章！"（8.19）天是最大的，天道是最崇高的。作为圣人，尧听从天道而引领人民。他的事业是伟大的，他的礼乐文明是光明的。

圣人博爱遍及人类。对于博施于民而能济众，孔子认为："何事于仁！

必也圣乎？”（6.30）所谓博施于民而能济众就是让民众生，让民众成。

　　上述七种人的分类是相对的。其中有重合，有交叉。他们基本可以归为两类：小人和君子。君子有一个家族。士、仁人、成人虽然各自重点不同，但都属于广义的君子。这在于他们都是求道成仁之人。

三、重论君子

　　孔子认为，君子在根本上是被道所规定的。既然君子追求道，那么他就要放弃对于欲望的追求。君子不仅不能欲望化，而且不能器具化或者工具化。“君子不器。”（2.12）器具化不仅使君子远离了道，而且也使他片面化和单一化，成为服务于某一特定目的的某一特定手段。

　　因为君子自身有道，所以也能让其居住的地方有道。“子欲居九夷。或曰：‘陋，如之何？’子曰：‘君子居之，何陋之有？’”（9.14）居不仅是居住一地方，而且也是生活一地方。陋不仅是物质之简陋，而且是文化之粗陋。君子凭借有道，居住于一地方，就能不为此地方所限定，而是改变此地方。这也就是说，君子使此地方由无道之地成为有道之地。

　　在孔子的思想中，道具体化为仁爱，故君子追求道就是追求仁。一位君子在本性上是一位仁者。“君子以文会友，以友辅仁。”（12.24）文是道之文，是道自身的表达。以文会友，不过是道将大家聚集在一起，而成为志同道合的朋友。朋友是道的朋友，也是仁的朋友。于是，朋友的友谊推进了道，也推进了仁。这就是以友辅仁。君子不仅是仁者，而且也是智者和勇者。因为有仁、有智和有勇，所以君子能去除私欲，看破假相，克服危险。

　　作为一个君子，他内外兼修。他不仅有内在的美德，而且有外在的文采。孔子说：“质胜文则野，文胜质则史。文质彬彬，然后君子。”（6.18）一个人的内在和外在的关系有一个适当的度。过分的质朴和过分的文雅都是不恰当的。只有当一个人内在和外在的表现适宜的时候，他才拥有一个真正的君子形象。

君子的质就是仁道，文就是礼文等各种表现。孔子说："君子义以为质，礼以行之，孙以出之，信以成之。君子哉！"（15.18）义是道义，是君子立身的本质。礼是礼制，是君子实行的原则。孙是谦逊，是君子言谈的要求。信是诚信，是君子完成的基础。一个君子就是这四个方面的完美结合。

在内在仁道的基础上，君子的外在礼文有其基本规定。"君子所贵乎道者三：动容貌，斯远暴慢矣；正颜色，斯近信矣；出辞气，斯远鄙倍矣。"（8.4）此处的道是君子的修身之道。这包括了三个方面：动容貌、正颜色、出辞气。三者是与人相见的三个次第：先容貌、次颜色、再辞气。

由于君子内仁外礼，在其形象上具有独有的特征。"君子有三变：望之俨然，即之也温，听其言也厉。"（19.9）望为远望。望其相貌，君子礼仪威严。即为接近。近其面色，君子仁德温和。听为倾听。听其言谈，君子道义严正。

一般而言，一个人言行就是其基本的存在方式和德性的显现，因此君子谨言慎行。君子言行的基本原则就是言行一致。人的言语既不要超过行为，成为虚夸，也不要不及行为，而成为隐瞒。

君子的言行一方面是对己，另一方面是对人。不管对己对人，君子都遵守内仁外礼。"有君子之道四焉：其行己也恭，其事上也敬，其养民也惠，其使民也义。"（5.16）恭是人对于自己的态度。恭是恭谦。人不自高自大，处于低下地位。这也意味着对于他人的礼让。敬是人对于君主的态度。敬是敬重。人尊崇他人的高等地位。这种地位不仅是政治的，而且是道德的、智慧的等。惠是人对于民众的一种态度。惠是恩惠。人给予他人物质或精神的利益。义是人对于民众的另一种态度。义是正义。人对于他人的使用合于道义的要求。

君子心系天下。"可以托六尺之孤，可以寄百里之命，临大节而不可夺也。君子人与？君子人也。"（8.6）他承担国家大命，无畏生死。

尽管君子行道的目的地是天下，但其出发点却是自己。君子要从修己开始。"子路问君子。子曰：'修己以敬。'曰：'如斯而已乎？'曰：'修己以安人。'曰：'如斯而已乎？'曰：'修己以安百姓。修己以安百姓，尧舜其犹病诸？'"（14.42）第一，修己以敬。修正自己，使自己保持恭敬。此无非去人欲，行天道。第二，修己以安人。修正自己，使他人安乐。他人与自己相对。第三，修己以安百姓。修正自己，使百姓安乐。百姓是人的整体。君子在此要处理好自己和他人的关系。其关键在于修己，然后扩充到他人。

孔子对于君子提出了全面修身要求。"君子有九思：视思明，听思聪，色思温，貌思恭，言思忠，事思敬，疑思问，忿思难，见得思义。"（16.10）第一，视、听。此为人由外到内的感知。第二，色、貌。此为人由内显外的相貌。第三，言、事。此为人的言行。第四，疑、忿。此为人的心灵。第五，见得。此为人在欲与道之间的抉择。九思是一个君子要遵守的细致的游戏规则。

四、君子和小人

为了确定君子的本性，孔子将他与小人相比较。君子和小人是完全是对立的。君子不是小人，小人不是君子。孔子特别强调："女为君子儒！无为小人儒！"（6.13）一个儒生似乎已不是一般的人，而是一个特别的人，也就是知道并掌握六艺的人。尽管如此，但孔子也警告他们要注重君子和小人的区分。那么，君子和小人区别的界限在哪里呢？

首先，是明道的不同。

孔子说："君子有三畏：畏天命，畏大人，畏圣人之言。小人不知天命而不畏也，狎大人，侮圣人之言。"（16.8）天命是为天道所规定的命运。大人是王公和位高之人，是替天行道者。圣人代天立言。故圣人之言虽为人言，但为天言。君子与小人之别在此表现为对于天命、大人和圣人之言敬畏与否。

君子是被道德所规定的，而小人则是被利益所规定的。"君子怀德，小人怀土；君子怀刑，小人怀惠。"（4.11）"君子喻于义，小人喻于利。"（4.16）在上述对比中，君子相关于德、刑和义，小人相关于土、惠和利。前者是道德、法度和仁义；后者则是乡土、恩惠和利益。由此可见，君子考虑的是普遍的道义，而小人考虑的是私人的利欲。根据这种比较，君子和小人的德行是根本不同的。甚至可以说，君子是有道和有德的人，而小人是无道和无德的人。"君子上达，小人下达。"（14.23）君子上达于道，小人下达于欲。因此，君子有仁，小人无仁。"君子而不仁者有矣夫，未有小人而仁者也。"（14.6）君子追求仁，但偶然也会忽视仁。小人追求不仁，但也不会偶然想到仁。

其次，是为人的不同。

君子立足于自身，而小人则依赖于他人。"君子求诸己，小人求诸人。"（15.21）在人与人的关系上，君子团结而不勾结，小人则勾结而不团结。"君子周而不比，小人比而不周。"（2.14）同时，君子和谐而不同一，小人则同一而不和谐。"君子和而不同，小人同而不和。"（13.24）此外，君子利人，小人害人。"君子成人之美，不成人之恶。小人反是。"（12.16）

因为君子和小人为人根本对立，所以人与君子和小人相处是完全两种不同的经验。"君子易事而难说也。说之不以道，不说也；及其使人也，器之。小人难事而易说也。说之虽不以道，说也；及其使人也，求备焉。"（13.25）君子为道，待人公正而宽容。小人为欲，待人自私而刻薄。

最后，是处世的不同。

君子心胸坦荡，小人则心情忧愁。"君子坦荡荡，小人长戚戚。"（7.37）

这在于，君子与道同一，与人同在；而小人唯有私欲和个人。君子安泰，小人骄傲。"君子泰而不骄，小人骄而不泰。"（13.26）君子能居贫无困，小人则为贫所困。"君子固穷，小人穷斯滥矣。"（15.2）

五、君子之乐

君子有其乐。

孔子认为乐是人身心的最高状态："知之者不如好之者，好之者不如乐之者。"（6.20）知是人知道事物，是认识。好是人爱好事物，是意愿。乐是人喜乐事物，是审美。在此经验中，人与事物合一。

快乐或欢乐作为人的身心的愉悦可以分为两个方面。一是情态性的，人处于快乐之中；二是意向性的，人为某人某物而快乐。

就快乐自身的情态而言，它有的是内在的，有的是外在的；有的是偏向于身体性的，有的是偏向于心灵性的。"子在齐闻《韶》，三月不知肉味。曰：'不图为乐之至于斯也。'"（7.14）《韶》乐尽善尽美，显现大道。人专注音乐之美所带来的精神的愉悦，而忘却了味觉所带来的肉体的感受。

但无论何种情态的快乐，孔子都强调"乐而不淫"。欢乐要保持自己的本性，而不要越过自身的边界。

就快乐的意向而言，它就是爱。一方面，为之快乐的人或物走向人，激发人的快乐；另一方面，人走向为之快乐的人或物。在快乐中，人和为之快乐的人和物交互生成。

孔子区分了不同的快乐。

第一，爱道的快乐。

"学而时习之，不亦说乎？"（1.1）这里是学习的喜悦。人通过学习获得了知识，其最高形态是人与道的合一。所悦何事？人与道同。

人们称道的孔颜之乐的根本就是贫而乐道。

论孔子

孔子自述："饭疏食饮水，曲肱而枕之，乐亦在其中矣。不义而富且贵，于我如浮云。"（7.16）虽然贫穷，但是有道，因此快乐。虽然富贵，但是无道，因此鄙弃。

孔子赞美颜回："贤哉，回也！一箪食，一瓢饮，在陋巷，人不堪其忧，回也不改其乐。贤哉，回也！"（6.11）在贫困的生活里，人只有忧愁，而没有快乐。但颜回不仅没有忧愁，反而有快乐。所乐何事，所乐道也。颜回有道，当然有乐。

第二，爱人的快乐。

首先是爱亲人。"父母之年，不可不知也。一则以喜，一则以惧。"（4.21）人对于父母年龄一喜一忧，这在于生死悖论。人多活一天，也是早死一天。

其次是爱朋友。"有朋自远方来，不亦乐乎？"（1.1）谁是朋友？同窗为朋，同志为友。人之所以成为朋友，是因为人是同道。正是道使陌生的人成了朋友。道就是朋友之间的纽带。远来是分离后的聚集。所谓远就是分离，所谓来就是聚集。所乐的意向是远来的友人。所乐何事？人与友人相聚。

再次是爱众人。人不仅爱朋友，而且爱非朋友。人在这种爱中感到快乐，也使被爱的人在这种爱中感到快乐。这就会导致近悦远来（13.16）

第三，爱天地的快乐。

仁者智者乐山乐水，在山水中获得快乐。在山水之间，就是在天地之间。因此，人乐山乐水也是乐天乐地。

虽然君子要实现快乐人生，但孔子要强调分辨不同的快乐。道能给人带来快乐，欲也能给人带来快乐。但人要区分不同的快乐。"益者三乐，损者三乐。乐节礼乐，乐道人之善，乐多贤友，益矣。乐骄乐，乐佚游，乐宴乐，损矣。"（16.5）乐于以礼乐来调节，有规则之益；乐于说他人的长处，有善良之益；乐于多交贤友，有友情之益。与上述不同，乐于骄傲享乐，有傲慢之损；乐于游荡忘返，有放荡之损；乐于饮食享受，有肉欲之损。益者三乐是由道所激起的快乐，损者三乐是被欲望所激起的快乐。人要追求由道带来的快乐，抛弃由欲带来的快乐。

人生在世，一方面是快乐，另一方面是忧愁和惧怕。忧是担心事情之未成，惧是害怕事情之发生。

但君子唯乐，无忧无惧。孔子对于不忧不惧的原因作了说明。"内省不疚，夫何忧何惧?"(12.4) 君子不忧不惧，这在于他无私欲，无愧于心；同时，行大道，处之泰然。

孔子自己的人生就是乐以忘忧。"其为人也，发愤忘食，乐以忘忧，不知老之将至云尔。"(7.19) 发愤忘食是忘物，尤其是人忘记自己的身体食用食物。但人不仅忘记食物，而且专注于努力奋斗。乐以忘忧是忘心，特别是人忘记一颗忧虑的心。但人不仅忘记忧愁，而且专注于快乐。不知老之将至是忘时，特别是最后的时间，亦即衰老并死去的时间。但人不仅忘记衰老，而且践行大道。

君子不仅不忧不惧，而且无怨无恨。"人不知，而不愠，不亦君子乎?"(1.1) 这里的人是与我相关的人，但不是与我同道的人，因此他人不是朋友。他人不知道我，也就是不理解我的所作所为。不知甚至会导致误解和曲解。愠是怨恨，是与喜悦、快乐相反的否定性的情态和意向。当他人不知道我时，我的一般的反应就是怨恨。但作为一个君子，人就应该与这种一般的反应相区分，不去怨恨。通过对于怨恨的否定，人能够自己规定自己，而成为了自己的主人。

孔子自道："不怨天，不尤人；下学而上达。知我者其天乎!"(14.35)天不助而不怨天，人不合而不尤人。一切反归自身，立于自身。下学万物而上达天道。人之所以不知道我，是因为人们不知道我与道同在。孔子没有怨恨，只有爱，只有乐。

第十章 边界

　　孔子的思想具有一内在的隐秘的道路和结构。其主干是道（第一章）。道具体化为天道和人道。天道是天命（第二章），人道是礼乐（第三章）。人学道（第四章），知道（第五章），并言道行道（第六章）。人行道分为两个方面。一般性的行道是为仁（第七章），而特别性的行道是为政（第八章）。其完满的实现是成道（第九章）。我们现在需要区分孔子道的边界。

　　孔子思想有死的东西和活的东西。其中哪些是活着的？哪些是死去的？虽然对此人们几乎难以区分，但我们仍然需要分辨。

一、道：中庸之道与生生之道

　　孔子的道主要是中庸之道。中庸就是事物自身的本性，不偏不倚。因此，人理解和实践大道的时候，就要恪守中正，防止过与不及。在这样的意义上，中庸之道既是本体论，也是方法论。

　　此中庸之道影响了中国思想的基本语言范式，如阴阳、情理、体用等。在任何一种范式之间，人们力图反对走向极端，而要恪守中道，达到平衡。如阴阳和谐、情理交融、体用不二等。

　　尽管中庸之道在儒学之中享有崇高的地位，但它自身包含了不可克服的危机。中庸是事物自身，由此区分于他物。如此理解的中庸具有外在的否定性。事物是自身，而不是自身之外的他物。但是中庸缺少内在的否定性。作为中正，中庸没有自身的否定，而只是保持自身的肯定。因此，中庸一直是自我同一，而没有展开差异。如此这般，中庸自身没有生成。

　　如果事物的本性始终是与自身同一的话，那么它就是死的，而不是活的。但如果事物自身是活的话，那么它不仅要与他物相区分，而且要与自身相区分，由此产生差异，并展开生成。当我们真正理解了事物的本性的时候，它就不仅是中庸之道，而且是生生之道。生生之道意味着：生生即道，道即生生。

　　生生之道中的"生"是生产、生长和生成，是一个事物生成为一个事物。它不仅指有生命的现象，而且指非生命的现象，包括了天地间的一切存在者。但生主要是个体和人类的生命、生活和生存。因此，生生之道虽然是存在的生生之道，但主要是人的存在的生生之道。

　　生不仅是由旧到新，而且是由无到有。生生之道中的"生生"是生而又生，生生不息。它是克服了生成有限性的无限性。但生而又生之中包括了死亡的环节。生必有死，死必有生。死亡并不是一种可怕的事件，相反它是事物的寿终正寝，是圆寂和完成。死亡虽然是事物生成的终点，但也是其生成的起点。因此，所谓生生不息就是事物生与死的永恒轮回。一个事物生了、死了、又生了，如此这般。

　　生生之道不仅是无限的，而且是多元的。在生成之中，一个事物和另外的事物相区分，而形成自身。同时，一个事物与自身相区分，而由旧事物变成新事物。于是，每一个事物与他物相较都是不同的，每一个事物与自身相较也是不同的。这正如太阳每天都是新的。

　　如果说生生之道是万物之道的话，那么所谓的本体就是生本体（生生本体）。在中国思想史上，人们曾试图建立不同的本体论，如气本体论、理本体论和心本体论等。但所有这些本体论都是以某一特定的物作为本体，而理解和解释其他的物。这并不能把握万物自身的本性。唯有从生出发，人们才能找到理解万物自身本性的通道。因此，生本体论是唯一可能的本体论。诸如气本体论、理本体论和心本体论都必须建立在生本体论上。通过这种重新的建基，它们才获得了生命力，并能说明其自身所关涉的领域。

二、天命：必然性、偶然性与可能性

就天的维度而言，道是天命。

孔子强调了天命的必然性。必然性是事物一定如此且不可避免如此。偶然性则是事物不确定的既可能发生又可能不发生的性质。必然性和可能性构成了天命的两个方面。但如此理解的天命可能走向两种极端：一种是绝对的必然性，另一种是绝对的偶然性。

命运的必然性可能导致宿命论。不管人如何行为，他都不可抗拒命运的安排。正如人们所说的，听从命运的人，跟着命运走；不听命运的人，命运拖着走。这基本上否定了人的自由存在。

与此相反，命运的偶然性则可能导致运气论。如果一切都是偶然发生的话，那么人的存在就是没有任何根据的。一种没有根据的存在就是运气。运气决定了人如此或者不如此。人的运气也许好，运气也许不好。人的存在就如同博弈一般。

但天命既不能理解为片面的必然性，也不能理解为片面的偶然性，而是要理解为可能性。天命是天给人划定的可能性的道路。这条道路具有自身的边界。在边界之外，一切都是不可能的。这就是天命的必然性。这就是说，事物是必然不发生的。在边界之内，一切都是可能的。这就是天命的偶然性。这就是说，事物是可能发生的，也是可能不发生的。天命的可能性统一了必然性和偶然性。

作为可能性的道路，天命给予人最大的可能性。这在于，天命规定了人从生到死的漫长的道路。人生在世就是要化可能性为现实性，将偶然性变必然性。如此这般，人就知命并立命。人既非天命的奴隶，也非天命的主人，而是天命的参与者和实现者。

宋·马和之《唐风》(之四)

三、礼乐：等级性与公正性

就人的维度而言，道是礼乐。礼可分为礼制和礼仪（礼器、礼貌）等，但其根本是礼制，也就是关于礼的典章制度体系。它的特性是多样的，是法律、道德、宗教等的合一。

礼之所以重要，是因为它是人的存在的法则，亦即人生在世的游戏规则。它相关于天、地、神、人等世界整体中的根本要素。这就是说，人如何去对待天、地、神和人等。当然，其中最主要的是人如何对待他人。虽然说礼包括了天经、地义和人行，但它的主体是规定人与人的社会关系。

礼的规定是去区分，也就是别异和辨异。在社会整体中，礼区分了每一个人与他人的不同，而使人和他人都获得了自身的规定。作为一个人，他不仅是什么，而且也不是什么。在社会整体中，人的规定和区分可以分为两个方面：家和国。在家中，人区分为夫妇、父子和兄弟等；在国中，

论孔子

人区分为君臣。但君臣还可以细分为天子、诸侯、大夫、士和庶民等。于是，每一人都获得了自己的身份和位置。

但礼的区分和规定在根本上是一种等级制。礼所规定的个人并非是一个独立自由的个体，而是一个已经先天和后天所规定的社会角色。这一角色不是平等性的，而是上下性的。礼的区分事实上是上下的区分。家中的父子，父高于子；国中的君臣，君高于臣。这样一种上下的区分还导致相应的区分，如尊卑、贵贱、主从等。在这种上下关系中，每个人都要保持自己的身份和位置，不可逾越和置换。否则，人就是违背礼制。

礼对于人既定身份的规定是一种限制。天伦确定了人或者是父，或者是子，这是不可改变的；人伦确定了人或者是君，或者是臣，这也是不可改变的。这也使人与他人的社会关系陷入一种简单僵硬的模式：或父子关系、或君臣关系。这种上下级的关系不仅束缚了个体的发展，而且阻碍了社会的变革和进步。

作为人的存在的法则，礼在历史的每个阶段都是必不可少的。但礼制需要变革。有的要立，有的要改，有的要废。对于孔子所主张的先王之礼或周公之礼的变革的根本就是从等级到公正。现代世界需要的不是等级的游戏规则，而是公正或者是正义的游戏规则。

在世界之中，每个人都是有差异的，而非平等的。但是在一个公共的游戏规则面前，人人都是平等的。这就是说，每人自己或者委托他人参与公共的游戏规则的制定、修改和废除；每人都要遵守此公共游戏规则，没有特权；每人都一样地受到此公共游戏规则的保护、奖励或者惩罚。在此公共游戏中，每人的平等不是意味着平均齐一，而是意味着公正。人们一般将公正分为制度、程序和实质几个方面，但其根本是每个人根据游戏规则去活动，并得到相应的奖励或者惩罚。这才是人真正的各在其位、各得其所。

四、为仁：爱亲人与让生成

在孔子那里，仁是从爱亲人到爱众人再到爱万物的。其中，爱亲人的孝道是子女对于父母的爱。而孝道是为仁之本。

因此，我们必须深入思考父子之间的关系。父子之间究竟是一种什么样的关系？它当然是一种人际关系，但是一种特别的人际关系，也就是血缘关系。父母和子女虽然是具有差异的个体，但通过血缘，两者之间建立了亲密的关联。父母的生命在子女身上获得了延续和更新。父母对于子女的爱可以看作是对于自身生命的爱护的延伸形态。同时，子女对于父母的爱也可以被认为是对于自己生命的来源的回溯和感恩。这是由血缘的本性所规定的人的生命的特性。但血缘关系也正是在人类身上所固有的自然的关系。它是已有的、既定的，是不可改变和永远延续的。血缘如同土地一样是自然的。如果说土地是外在的自然的话，那么血缘则是内在的自然。根据这样的分析，孝道和建立在其上的仁爱是一种血缘之爱，同时也是一种自然之爱。

作为如此，孝道和仁爱就不是一种无差别的爱，而是一种有差别的爱。一种无差别的爱否定人对于自身亲人的爱的优先性。这在于，爱自己的亲人虽然是自然的，但很可能是自私的和非正义的。与此不同，无差别的爱主张爱一切人，并且将爱建立在正义的原则上。但这种无差别的爱只是一种理想的爱，而非现实的爱。在现实当中，人们首先和大多体验的爱还是亲情。在这样的意义上，孔子的孝道和仁爱学说不是从理想出发的，而是从现实出发的。

但当孔子把爱亲人扩大到爱他人的时候，他可能会陷入疑难之处。如果人不爱自己的亲人的话，那么他很难去爱他人。因此，爱他人必须爱亲人。爱亲人是爱他人的必要条件。但是，如果人爱亲人的话，他可能去爱他人，也可能不爱他人。因此，爱亲人不必然会爱他人。爱他人不是爱亲人的必然结果。另外，爱亲人和爱他人还会不可避免地触及爱的正义性问题。人爱亲人和爱他人可能一致，也可能发生冲突。在冲突之中，如果人爱亲人的话，那么就是不爱他人；如果人爱他人的话，那么就是不爱亲人。在这种困境中，人究竟如何选择？孔子考虑的不是谁是正义者的问题，而是考虑谁是亲人的问题。亲人之所以重要，是因为他天然地和人共属一体。其中也包括了利益的相关性。

于是，当人无条件地首先爱亲人而不是爱他人的时候，仁爱就具有有限性了。叶公主张子为父证为直。"吾党有直躬者，其父攘羊，而子证之。"与此不同，孔子主张亲亲相隐为直。"吾党之直者异于是：父为子隐，子为父隐。——直在其中矣。"（13.18）父为子隐、子为父隐虽然是一种合情的爱，但不是合理的爱。这是因为它对于父子是仁爱，但对于他人却不是仁爱。孔子所说的亲亲相隐就破坏了仁爱的正义性和普遍性。

孔子的仁爱从孝道出发，可能产生非正义性的爱。为了克服这一危机，我们回到仁本身，思考它可能具有的意义。

仁的汉字的语意有多种，其中一种就是果仁。果仁是果核的内在部分，是种子的核心和本源。在此意义上，仁就和生命相关，而且是生命的完成和开端的聚集物。生命的开端和完成就是生成。既然仁包括了生命的完成和开端，那么它就包括了生与死，并且是生与死的转换。因此，仁不仅是生，而且是生生。它生生不息。但仁不仅可以理解为生命的生成，而且可以扩大为万物和天地的生成。于是，仁就是生生之德，就是生生之道。

人为仁就是让生成。仁是生，一方面是生者生成，这是自己生成；另一方面是生成生者，这是生成他者。如此理解的仁就是爱。爱不是其他，就是让存在者生成。仁者让自己生，让众人生，让万物生。在仁中，人实现了最高的存在，也获得了人的本性的最高规定。

这样一种生生之爱就突破了孝道的血缘之爱可能具有的差异性和非正

义性，而成为了一种超出血缘之爱的普遍性和正义性。同时，孝道在此基础上也获得了新生。

五、为政：以德治国与依法治国

孔子所说的以德治国也就是以道治国和以礼治国。这种治国方略虽然也不否认一种规则的重要性，但它更强调道德的重要性。

以德治国的前提是：治者是有道德的人。有德性才有德行，有德性才有德政。这需要治者成为君子，不仅是有位者，而且是有德者。治者不能德不当位，而要德配其位。治者要有君子一般的美德，如仁智勇等。其中尤其是孝与忠。这在于孝相关于家，忠相关于国。孝亲和忠君具有同样的德性：顺从。从孝亲的顺从可以扩大到忠君的顺从。

当然，治者的德性不仅只是相关于自身，而且相关于人民。因为治者和被治者是上下等级的关系，所以他们之间会存在一种上行下效的现象。如果治者有德的话，那么人民也会有德；如果治者无德的话，那么人民也会无德。因此，治者力图使自己成为一个有德的人，而不是一个无德的人。有德会导致天下有道，无德会导致天下无道。

因为道德对于治国如此重要，所以治者就不是采用暴力和刑罚，而是采用教化。通过教化，人民获得了道德意识，如礼义廉耻等。人们区分哪些是有道德的，哪些是无道德的。这就是荣辱意识。不仅如此，治者还实施道德奖惩。一个有道德的人得到了嘉奖，一个无道德的人得到了惩罚。

以德治国有其优点。它胜于以力治国和以刑治国。但其缺点也是显然的。德治虽然是一种好的人治，但它不能防御一种坏的人治。这是因为德性是人的德性。人自身不能保证自身的德性绝对是好的，而不是坏的。同时，人也不能保障他人的德性绝对是好的，而不是坏的。历史上不仅有仁君，而且也有暴君和昏君。这就需要一种超出以德治国的治国方略：依法治国。从人治到法治。

依法治国不是以法治国。以法治国只是把法律作为一种手段来治理国家，如同把道德作为一种手段一样。治者可以采用法律，也可以不采用法律。以法治国在实质上还是一种人治。与此不同，依法治国是必须依照法律来治国。法律是治国的基础和根据。这才是真正的法治。依法治国不是依据个人意志，而是依据法律管理国家事务。在此，法大于人，法大于权。不仅被治者要服从法律，而且治理者也要服从法律。依法治国首先是依宪治国。这在于宪法是根本大法，是法律的法律。在治国的层面上，它限制公权力，而保障私权利。

依法治国分为几个重要环节。首先是立法。国家不能无法可依，必须有法可依。这就需要制定合于国情现实的法。国情是不断变化的，因此立法也要与时俱进。不仅有立法，而且有修法和废法。要保留良法，除去恶法。其次是执法。依法行政确定了行政的边界。有法律授权的方可行政，无法律授权的不可行政。再次是司法。有法必依，执法必严，违法必究。司法的任务在于判别合法和不合法。最后是守法。公民知道法并遵守法。这就需要培养公民的法律意识。公民不仅不触犯法律，而且去维护法律。

在依法治国的基础上，我们可以重新思考以德治国的意义。不再是以德治国，而是以德育人。这就是说，道德不是治理国家的根本手段，而是国民教育的最高目标。于是，依法治国和以德育人成为现代国家治理的一体两翼。依法治国是以德育人的保障。这在于法律是道德的底线，是最低的道德。有法律才有道德，无法律便无道德。内德外法是现代中国价值观的真正核心。

六、成人：君子与公民

人应该成为一个什么样的人？孔子认为应该成为一个君子。君子作为有德和有位者，与小人相区分，而成为人的规定。

虽然人可以是地位上的小人，但不可以成为道德上的小人。当人不是小人时，人一定就是君子吗？君子是人的理想，但并非现实。人人皆可成为君子，但人人并非就是君子。这就需要追问：人在现代社会里应该成为一个什么样的人？

虽然小人和君子的区分在现代社会仍有其意义，但在宪法和一般的游戏规则中已失去了根本性的作用。我们必须改变小人和君子的二元区分，而思考公民和君子的关系。事实上，人只有首先成为法律上的公民，然后才能成为道德上的君子。

公民作为语词虽然在法律上被广泛运用，但其根本是思想上的。所谓公民是指自由人。人的本性是自由的。这并不意味人能随心所欲，而是意味人能规定自己。这也就是说，人不仅不是他人的奴隶，而且也不是自己的奴隶。人成为了自身的主人。这何以可能？这在于人立于自身去存在、思考和言说。人何以能立于自身？这在于人处于真理之中，知道自己和和世界的真相。这种真理的语言表达之一就是宪法和法律文本。宪法和法律说明了公民的权利和义务。所谓权利，是人可能做什么和不可能做什么；所谓义务，是人必须做什么和必须不做什么。这标明了人在世界存在的可能性。

作为一个公民，人首先是一个个体，他是一个自我规定者。其次，他和他人建立关系，设定并遵守契约。再次，他是社会机构或团体的一员，他认可并遵守其规则。最后，他是国家的一员。他享有宪法赋予的权利并履行宪法规定的义务。这四个不同的层面是四种不同的游戏。它们有不同的游戏规则。有的是既定的，有的是将定的。但它们都是公民自身与他人自由和公正的约定。人们制订并遵守这一约定。在不同的游戏中，公民按照规则去活动，并生成为多元的个体。

公民是一个合格的守法者，也是一个最低的道德者。在此基础上，公民可以成为一个最高的道德者，也就是君子。应该说，公民为君子敞开了一条可能的道路。

七、孔子新语

通过对于孔子思想边界的区分，一方面，我们看到了孔子活着的思想，在一个无序的世界里建立秩序，在一个无爱的时代里宣扬仁爱；另一方面，我们也看到了他死去的思想，礼制束缚了个体的生长，仁爱限制了情感的丰富。

现在思想的任务已经非常明晰。我们必须制订当代生活世界的游戏规则，它不是限制而是促进个体的成长。因此，这样一种游戏规则将是每一个游戏的个体参与制订的。它不是一元的，而是多元的。国家、家庭和个人将拥有属于自身的不同的规则。

这一游戏规则就是我们时代的大道。它不否定欲望，而是给欲望划分边界，规定哪些欲望是可以实现的，哪些欲望是不可以实现的。同时，它也不否定技术，而是给技术划分边界，规定哪些技术是可以使用的，哪些技术是不可以使用的。人进入欲望、技术和大道的游戏中，并遵守其游戏规则，从而达到天人共生和人我共生。天地人生生不息，生而又生。

这种天地人的生生之道就是一种伟大的生生之爱。它并非血亲之爱的扩大化，而是将血亲之爱置于其中。在生生之爱中，人类的友爱、性爱将赋予更重要的意义。这正是孔子仁爱思想的死而复活。

一个死去的孔子只会讲《论语》中的话。

一个活着的孔子则会说出我们时代的智慧箴言。

参 考 文 献

1. 何晏集解，邢昺疏：《论语注疏》，载阮元校刻：《十三经注疏》，北京：中华书局，1980 年。

2. 朱熹：《四书章句集注》，北京：中华书局，1983 年。

3. 刘宝楠：《论语正义》，北京：中华书局，1990 年。

4. 杨伯峻：《论语译注》，北京：中华书局，1980 年。

5. 钱穆：《论语新解》，北京：九州出版社，2011 年。

6. 李泽厚：《论语今读》，北京：三联书店，2004 年。

7. Arthur Waley 译：《*The Analects*》，北京：外语教学与研究出版社，1998 年。

后　记

　　关于本书的问世，我要感谢人民出版社乔还田先生、陈鹏鸣先生和洪琼先生，他们为本书纳入出版计划付出了努力；感谢孔子第七十四代孙孔可立（繁儒）先生，他为本书题写了书名；感谢湖北美术学院肖世孟先生，他为本书搜集了图片；感谢湖北社会科学联合会高思新先生，他为本书的打字稿进行了校对；感谢武汉雷春龙先生和雷利平女士，他们为本书的写作和出版提供了许多帮助；感谢武汉张凡枝女士、徐忠玉先生、姚海泉先生、彭卫国先生、杨凯军先生、黄腾先生、荣先明先生、左艾甫先生等，他们以不同的方式为本书作出了贡献。

彭富春

2016 年春于武汉大学

450